Thomas Lauszus

Der Einfluss der EU auf das deutsche Berufsbildungssystem

Lebenslanges Lernen, EQR und ECVET

Bachelor + Master
Publishing

**Lauszus, Thomas: Der Einfluss der EU auf das deutsche Berufsbildungssystem:
Lebenslanges Lernen, EQR und ECVET, Hamburg, Diplomica Verlag GmbH 2012**
Originaltitel der Abschlussarbeit: Die Europäische Berufsbildungspolitik: Strategien,
Instrumente und Herausforderungen

ISBN: 978-3-86341-204-3
Druck: Bachelor + Master Publishing, ein Imprint der Diplomica® Verlag GmbH,
Hamburg, 2012
Zugl. Helmut Schmidt Universität · Universität der Bundeswehr Hamburg, Hamburg,
Deutschland, Bachelorarbeit, 2010

Bibliografische Information der Deutschen Nationalbibliothek:
Die Deutsche Nationalbibliothek verzeichnet diese Publikation in der Deutschen
Nationalbibliografie;
detaillierte bibliografische Daten sind im Internet über http://dnb.d-nb.de abrufbar.

Die digitale Ausgabe (eBook-Ausgabe) dieses Titels trägt die ISBN 978-3-86341-704-8
und kann über den Handel oder den Verlag bezogen werden.

Dieses Werk ist urheberrechtlich geschützt. Die dadurch begründeten Rechte,
insbesondere die der Übersetzung, des Nachdrucks, des Vortrags, der Entnahme von
Abbildungen und Tabellen, der Funksendung, der Mikroverfilmung oder der
Vervielfältigung auf anderen Wegen und der Speicherung in Datenverarbeitungsanlagen,
bleiben, auch bei nur auszugsweiser Verwertung, vorbehalten. Eine Vervielfältigung
dieses Werkes oder von Teilen dieses Werkes ist auch im Einzelfall nur in den Grenzen
der gesetzlichen Bestimmungen des Urheberrechtsgesetzes der Bundesrepublik
Deutschland in der jeweils geltenden Fassung zulässig. Sie ist grundsätzlich
vergütungspflichtig. Zuwiderhandlungen unterliegen den Strafbestimmungen des
Urheberrechtes.

Die Wiedergabe von Gebrauchsnamen, Handelsnamen, Warenbezeichnungen usw. in
diesem Werk berechtigt auch ohne besondere Kennzeichnung nicht zu der Annahme,
dass solche Namen im Sinne der Warenzeichen- und Markenschutz-Gesetzgebung als frei
zu betrachten wären und daher von jedermann benutzt werden dürften.

Die Informationen in diesem Werk wurden mit Sorgfalt erarbeitet. Dennoch können
Fehler nicht vollständig ausgeschlossen werden, und die Diplomarbeiten Agentur, die
Autoren oder Übersetzer übernehmen keine juristische Verantwortung oder irgendeine
Haftung für evtl. verbliebene fehlerhafte Angaben und deren Folgen.

© Bachelor + Master Publishing, ein Imprint der Diplomica® Verlag GmbH
http://www.diplom.de, Hamburg 2012

Inhaltsverzeichnis

Abkürzungsverzeichnis I

Abbildungsverzeichnis II

1. Einleitung 1

    1.1   Thema und Relevanz 1

    1.2   Fragestellungen 2

    1.3   Methodisches Vorgehen und Aufbau 2

2. Zentrale Begrifflichkeiten und bildungspolitische Ziele 3

    2.1   Berufsbildungspolitik 3

    2.2   Berufsbildungspolitik der Bundesrepublik Deutschland 3

    2.3   Berufsbildungssystem in Deutschland 4

    2.4   Die berufliche Handlungskompetenz 5

    2.5   Das informelle Lernen als ungenutzte Ressource 7

    2.6   Internationalisierung und Europäisierung 8

3. Europäische Bildungspolitik 10

    3.1   Die Europäische Union als bildungspolitischer Akteur 10

    3.2   Das Subsidiaritätsprinzip 12

    3.3   Wirksamkeit politischer Strategien 12

    3.4   Lissabon – Kopenhagen – Maastricht – Helsinki 13

    3.5   Die Strategie *Europa 2020* 15

    3.6   Zusammenfassung europäischer Bildungspolitik 16

4. Europäische Strategien und Instrumente 17

    4.1   Das Lebenslange Lernen 17

    4.2   Die Förderung von Mobilität 22

    4.3   Transparenz und Vergleichbarkeit von Kompetenzen 23

    4.4   Der Europäische Qualifikationsrahmen 25

    4.5   Das Leistungspunktesystem ECVET 29

| 4.6 | Weitere bildungspolitische Entwicklungen | 30 |
| 4.7 | Zusammenfassung und Diskussion | 31 |

5. Entwicklungen des Berufsbildungssystems in Deutschland 33

5.1	Herausforderungen an das deutsche Bildungssystem	33
5.2	Entwicklung von Instrumenten in Deutschland	34
5.2.1	Der Deutsche Qualifikationsrahmen	34
5.2.2	Das Leistungspunktesystem DECVET	36
5.3	Zusammenfassung	37

6. Fazit und Desiderate 38

7. Literaturverzeichnis 40

Abkürzungsverzeichnis

AK DQR	Arbeitskreis Deutscher Qualifikationsrahmen
BBiG	Berufsbildungsgesetz
BIBB	Bundesinstitut für Berufsbildung
BMBF	Bundesministerium für Bildung und Forschung
CEDEFOP	Europäisches Zentrum für die Förderung der Berufsbildung
DECVET	deutsches Leistungspunktesystem für die berufliche Bildung
DQR	Deutscher Qualifikationsrahmen
ECTS	European Credit Transfer and Accumulation System
ECVET	European Credit System for Vocational Education and Training
ENQA-VET	European Network for Quality Assurance in Vocational Education and Training
EQAVET Ref. Framework	Europäischer Bezugsrahmen für die Qualitätssicherung in der beruflichen Aus- und Weiterbildung
EQAVET Network	Europäisches Netzwerk für Qualitätssicherung in der Berufsbildung
EQR	Europäischer Qualifikationsrahmen
EU	Europäische Union
KMK	Kultusministerkonferenz
NQR	Nationaler Qualifikationsrahmen
OMC	Open Method of Coordination
PISA	Programme for International Student Assessment

Abbildungsverzeichnis

Abb. 1:	Ziele des lebenslangen Lernens	S. 20
Abb. 2:	Zuordnung von Qualifikationen zum NQR und zum Meta-Rahmen EQR	S. 28
Abb. 3:	Kompetenzbereiche im DQR	S. 35

1. Einleitung

Zu Beginn des 21. Jahrhunderts gelten insgesamt elf Amtssprachen in der Europäischen Union. Diese kulturelle Vielfalt drückt sich auch in den unterschiedlichen Bildungstraditionen der Länder aus. Im Hinblick auf den zunehmenden internationalen Wettbewerb und die steigende Mobilität der EU-Bürger sollen die nationalen Bildungssysteme eine stärkere europäische und internationale Orientierung erhalten. Die Systeme der allgemeinen und beruflichen Bildung „müssen angesichts der Herausforderungen der Wissensgesellschaft und Globalisierung geändert werden" (BMBF 2002, S. 22). Um die Qualität und die Anerkennung der Bildungssysteme zu verbessern, fordert die EU eine stärkere Kooperation der Mitgliedstaaten im Bildungsbereich.

Seit dem Gipfel von Lissabon im März 2000 ist Bewegung in die europäische Berufsbildungspolitik gekommen. Europa sollte sich bis 2010 zum „dynamischsten und wettbewerbsfähigsten, wissensbasierten Wirtschaftsraum der Welt entwickeln" (Rauner 2006, S. 35). Zur Erreichung der festgesetzten Ziele existiert eine Vielzahl an europäischen und nationalen Maßnahmen. Das lebenslange Lernen gilt dabei als Kernstrategie, um die Beschäftigungsfähigkeit des Einzelnen und damit auch die Wettbewerbsfähigkeit Europas sicherzustellen. Zudem sollen Qualifikationen transparent und vergleichbar gemacht, und die Mobilität im Bildungs- und Beschäftigungssystem gefördert werden.

Die in Lissabon gesteckten Ziele waren Anlass für zahlreiche Debatten auf europäischer und nationaler Ebene. Im Jahre 2010 muss man feststellen, dass sie zwar nicht erreicht wurden, aber der Grundstein für die weitere Modernisierung gelegt ist. Die neue Strategie Europa 2020 für Beschäftigung und Wachstum soll daran anschließen.

1.1 Thema und Relevanz

> „Bei der Modernisierung beruflicher Bildung kommt bildungspolitischen europäischen Strategien und Prioritäten eine entscheidende Rolle zu: Sie liefern eine Vorlage für die Richtung, in die sich die berufliche Bildung bewegen soll" (Bohlinger 2007, S. 6).

Durch die verstärkte Zusammenarbeit der einzelnen Länder ist die europäische Bildungspolitik weitaus komplexer geworden. Die EU nimmt dabei zunehmend die Rolle des Initiators und Koordinators ein. Das Verständnis für europäische Beschlüsse und Maßnahmen ist demnach die Voraussetzung dafür, nationale Entwicklungen richtig einschätzen und bewerten zu können. Denn aus den europäischen Initiativen ergeben sich auf nationalstaatlicher Ebene enorme Investitionen und ein grundlegender Reformbedarf.

1.2 Fragestellungen

Diese Arbeit soll einen Überblick über die europäischen Strategien und Instrumente für den Bereich der beruflichen Bildung geben. Aufgrund der Komplexität der europäischen Bildungspolitik kann dabei kein Anspruch auf Vollständigkeit erhoben werden. Zentraler Bestandteil sind die folgenden Fragestellungen:

1. Welchen Einfluss übt die EU als bildungspolitischer Akteur aus? Und durch welche Regelungen wird er begrenzt?
2. Mit welchen Strategien und Instrumenten wird die Modernisierung der beruflichen Bildung angestrebt?
3. Welche Herausforderungen ergeben sich bei der Umsetzung?

1.3 Methodisches Vorgehen und Aufbau

Zunächst werden im ersten Kapitel die grundlegenden Begriffe geklärt, die die Basis der Arbeit darstellen. Darauf aufbauend werden im zweiten Kapitel die europäische Bildungspolitik und die Einflussnahme der EU auf die Mitgliedstaaten explizit dargestellt. Zudem wird ein historischer Abriss der Beschlüsse und Maßnahmen gegeben, der für das umfassende Verständnis unerlässlich ist. Im dritten Kapitel, und damit dem Hauptteil der Arbeit, wird der Schwerpunkt auf den europäischen Strategien und deren Umsetzung liegen. Im Fokus stehen dabei das lebenslange Lernen als Kernstrategie, die Förderung von Transparenz und Mobilität, sowie die zur Erreichung dieser Ziele entwickelten Instrumente EQR und ECVET. Im Zuge der Betrachtung sollen vor allem die sich im Rahmen der Einführung entstehenden Herausforderungen aufgezeigt werden. Abschließend wird anhand der deutschen Pilotprojekte gezeigt, welche Auswirkungen sich auf nationale Entwicklungen beobachten lassen.

2. Zentrale Begrifflichkeiten und bildungspolitische Ziele

Um ein grundlegendes Verständnis für die in der Arbeit verwendeten Begrifflichkeiten und die europäischen Ziele zu entwickeln, werden diese zunächst näher erläutert.

2.1 Berufsbildungspolitik

Der Begriff Berufsbildungspolitik, wie er in dieser Arbeit verwendet wird, umfasst drei Dimensionen (vgl. Bohlinger 2007, S. 10). Zunächst die konstitutionellen Rahmenbedingungen, die durch Rechtsgrundlagen abgesichert sind und damit die berufliche Bildung als Teil der Gesellschaft definieren. Diese strukturelle und institutionelle Dimension bezeichnet man als *Polity*-Aspekt im Sinne der Staatsorganisation oder Gesellschaftsordnung. Als Zweites die Problem- und Gegenstandsbereiche, durch welche die Berufsbildungspolitik ein spezialisierter Politikbereich wird (*Policy*-Aspekt). Hier geht es um den Transfer von politischen Strategien. Und die dritte Dimension beschreibt die Prozesse, in denen nationalstaatliche und supranationale Entscheidungsträger mit Hilfe politischer Macht Entscheidungen durchsetzen, damit diese dann kollektiv bindend sind. Unter diesen Begriff der *Politics* fallen Abstimmungen oder Wahlverfahren. Die Berufsbildungspolitik versteht sich dabei nicht als Teil des Berufsbildungssystems. Es ist eher als dessen Umwelt zu betrachten.

2.2 Berufsbildungspolitik der Bundesrepublik Deutschland

Im Koalitionsvertrag setzen sich CDU/CSU und FDP das Ziel Deutschland zur Bildungsrepublik zu machen. Dabei soll es darum gehen durch Bildung jedem Individuum die Teilhabe an der modernen Wissensgesellschaft zu ermöglichen. Um dieses Ziel zu erreichen werden die Ausgaben des Bundes für Bildung und Forschung bis 2015 weiter erhöht. Unter anderem werden auch Vereinbarungen
> „zur Umsetzung der Qualifizierungsinitiative wie zur Bildungsmobilität, insbesondere zu Fragen von Zulassung und Anerkennung von Abschlüssen und Teilleistungen" (CDU/CSU/FDP 2009, S. 59)

angestrebt. Auch für die Anerkennung von im Ausland erworbenen Qualifikationen sollen transparente und einheitliche Verfahren entwickelt werden. Zudem wird die Relevanz der deutschen Berufsbildung, und vor allem der dualen Ausbildung als weltweit geschätztes System, hervorgehoben. Die duale Ausbildung soll auch zukünftig international wettbewerbsfähig sein. Um dies zu gewährleisten strebt die Politik eine Flexibilisierung und Modularisierung des Systems bei gleichzeitiger Wahrung des Berufsprinzips an. Als Umsetzung der europäischen Bildungspolitik soll das lebenslange Lernen stärker gefördert und die Forschung zur Kompetenzmessung weiter forciert werden. Die Koalition will

> „die Entwicklung eines Deutschen Qualifikationsrahmens dazu nutzen, um Gleichwertigkeit, Mobilität und Durchlässigkeit im deutschen und europäischen Bildungsraum zu stärken. Dabei (wird sie) im europäischen Prozess darauf achten, dass das deutsche Bildungssystem sein eigenes Profil wahrt und seine Qualität innerhalb der EU zur Geltung bringt" (ebd., S. 63).

Auch die SPD als Oppositionspartei hatte das lebenslange Lernen in das Regierungsprogramm 2009 aufgenommen. Sie wollten das duale System stärken und eine Berufsausbildungsgarantie für alle jungen Menschen über 20 einführen, die weder über ein Abitur, noch über einen Berufsabschluss verfügen (vgl. SPD 2009, S. 34). Im Gegensatz zur CDU findet sich im Programm kein Verweis auf den Deutschen Qualifikationsrahmen und es wird lediglich einmal erwähnt, dass der Vertrag von Lissabon verwirklicht werden muss (vgl. ebd., S. 88).

2.3 Berufsbildungssystem in Deutschland

Berufsbildungssysteme sind historisch gewachsene und

> „oft in sich widersprüchliche Gebilde, geprägt von Reformbestrebungen der jeweiligen Regierungen und beeinflusst durch angrenzende Berufsbildungssysteme anderer Länder" (Bohlinger 2008, S. 26).

In Deutschland ist die Berufsbildung im Berufsbildungsgesetz (BBiG) gesetzlich verankert. Nach §1 Abs.1 BBiG[1] umfasst die Berufsbildung die Berufsausbildungsvorbereitung, die Berufsausbildung, die berufliche Fortbildung und die berufliche Umschulung. Es basiert auf mehreren grundlegenden Entscheidungen (vgl. CEDEFOP 2007, S. 1):

---

[1] http://bundesrecht.juris.de/bbig_2005/__1.html

- grundsätzlich soll allen Schulabgängern eine berufliche Ausbildung geboten werden
- mit den Unternehmen wurde ein kooperatives Ausbildungssystem (duales System) implementiert
- dabei erkennt der öffentliche Sektor (Regierung u. Schulen) den privaten Sektor als gleichberechtigten Partner

Bei bundesweit einheitlichen Standards der beruflichen Erstausbildung, wird in staatlich anerkannten Ausbildungsberufen die für den Übergang in den Arbeitsmarkt erforderliche berufliche Handlungskompetenz vermittelt. Als die zentralen Merkmale des deutschen Berufsbildungssystems

> „gelten die Berufsfähigkeit, das Berufskonzept und die für den Beruf notwendigen Qualifikationen (sowie) die duale Ausbildung, die die Vermittlung beruflicher Handlungsfähigkeit impliziert" (Bohlinger 2008, S. 53).

Im Berufskonzept sind bildungstheoretische und berufsbildungstheoretische Aspekte vereint.

2.4 Die berufliche Handlungskompetenz

Obwohl in der Wissenschaft ein einheitlicher Konsens bezüglich der Relevanz von Kompetenzen herrscht, gibt es eine Vielzahl an Definitionen und theoretischen Zugängen, die versuchen dieses Konstrukt zu erklären. Um diesen Begriff zu fassen, muss grundsätzlich zwischen Kompetenzen und Qualifikationen unterschieden werden. Unter Kompetenz wird die Befähigung des Einzelnen selbstverantwortlich zu handeln gefasst. Sie sind ein „Gebilde aus Wissen, Fertigkeiten und Haltungen, die in bestimmten Lebensphasen und –abschnitten gefordert werden" (Bohlinger 2007, S.19), während die Qualifikation eher auf die Verwertbarkeit von Fähigkeiten und Kenntnissen zielt. Dieser Arbeit liegt das Verständnis des Kompetenzbegriffes von Dehnbostel zugrunde. Demnach umfassen berufliche Kompetenzen

> „Fähigkeiten, Fertigkeiten, Wissensbestände und Einstellungen, die das umfassende fachliche und soziale Handeln des Einzelnen in einer berufsförmig organisierten Arbeit ermöglichen" (Dehnbostel 2008, S. 50).

Kompetenzen werden während des gesamten Lebens durch Lern- oder Arbeitsprozesse herausgebildet und stetig weiterentwickelt. Diese Kompetenzentwicklung wird von jedem Individuum selbst aktiv gesteuert. Sie führt zu einer beruflichen Handlungskompetenz,

> „definiert als die Fähigkeit und Bereitschaft, in beruflichen Situationen fach-, personal- und sozialkompetent zu handeln und die eigene Handlungsfähigkeit in beruflicher und gesellschaftlicher Verantwortung weiterzuentwickeln. Unter einer umfassenden beruflichen Handlungskompetenz ist die Einheit von Fachkompetenz, Sozialkompetenz und Personalkompetenz zu verstehen" (ebd., S. 52).

Diese Definition folgt den Ausführungen der KMK, in der die Entwicklung der Handlungskompetenz als Ziel der beruflichen Ausbildung gefordert wird. Die KMK differenziert zwischen Fach-, Personal- und Sozialkompetenz. Bestandteil aller drei Kernkompetenzen ist zudem die Methodenkompetenz, kommunikative Kompetenz und Lernkompetenz (vgl. KMK 2007, S. 10).

Mit dem Konzept der Handlungskompetenz geht eine „Verschiebung der Aufmerksamkeit vom Subjekt und damit von den Inputs beruflicher Bildung zu ihren Outcomes sowie zu spezifischen Lernfeldern" (Bohlinger 2008, S. 54) einher. Das Lernergebnis

> „bezeichnet die Gesamtheit der Kenntnisse, Fähigkeiten und/oder Kompetenzen, die eine Person nach Durchlaufen eines Lernprozesses erworben hat und/oder nachzuweisen in der Lage ist. Lernergebnisse sind Aussagen über das, was ein Lernender am Ende einer Lernperiode wissen, verstehen, können soll (Kommission der Europäischen Gemeinschaften 2005, S. 13).

Da der Erwerb von Kompetenzen durch formale, non-formale und informelle Prozesse geprägt ist, müssen Zertifikate das komplette Kompetenzspektrum eines Individuums abbilden können und sich somit auf die Lernergebnisse konzentrieren. Die Ausrichtung auf definierte Lernergebnisse ist aber nicht frei von Kritik. Sie kann z. B. auch bedeuten,

> „dass das gesamte System der Qualifikationsversorgung nicht auf die Erzeugung von Fähigkeiten in Bildungsgängen mit definierten Inputs ausgerichtet ist, sondern auf die Erfassung und Bewertung irgendwie entstandener Fähigkeiten durch Abgleich mit definierten Outcomes" (Drexel 2006, S. 16).

Anders formuliert bedeutet es, dass jemand, der nicht den normalen Bildungsweg bestritten hat, aber dennoch dessen Lernergebnisse nachweisen kann, die entsprechende Qualifikation bzw. das entsprechende Zertifikat erhält. Bisher war die rechtliche und finanzielle Stützung von Ausbildungsprozessen durch den Staat auf die Lerninputs fokussiert. Durch die Neuausrichtung auf die Lernergebnisse stellt sich die Frage, inwieweit die rechtliche Festlegung von Lerninputs durch Ausbildungsordnungen, sowie die Verpflichtung des Staates, Ausbildung finanziell zu unterstützen, überflüssig werden (vgl. ebd., S. 17).

2.5 Das informelle Lernen als ungenutzte Ressource

In der heutigen Wissens- und Informationsgesellschaft gewinnt das Lernen stetig an Bedeutung. Aber Menschen lernen nicht nur in schulischen oder beruflichen Institutionen. In allen erdenklichen Situationen wird Wissen vermittelt und aufgenommen, sei es am Arbeitsplatz, im Freundeskreis oder in Freizeitaktivitäten. Dies geschieht bewusst oder unbewusst. Insgesamt kann man davon ausgehen, dass die meisten Lernprozesse außerhalb von Bildungseinrichtungen stattfinden. Gesellschaftliche Anerkennung erlangt man aber nur innerhalb institutioneller Bildungswege, obwohl wir uns das ganze Leben über in einem ständigen Prozess des Lernens befinden. Dieses wird auch bezeichnet als „lebenslanges Lernen" (vgl. Hungerland/Overwien 2004, S. 8). Vor diesem Hintergrund wird neben dem festgelegten, institutionalisierten Lernen zunehmend das informelle Lernen anerkannt. Vor allem in der europäischen Bildungspolitik spielt dieser Begriff eine zentrale Rolle. Eine einheitliche Definition für das, was eigentlich informelles Lernen ausmacht, sucht man in der Fachliteratur vergebens.

> „Je nach Herkunftsdisziplin und zugrunde liegender theoretischer Ansätze werden in der wissenschaftlichen Diskussion sehr unterschiedliche Kategorisierungsmodelle zur Beschreibung der Unterschiede von formalen und non-formalen bzw. informellen Lernprozessen verwendet" (Schiersmann/Remmele 2002, S. 23).

Das informelle Lernen wird meist als beiläufiges Lernen verstanden. Es umfasst aber auch unbewusstes und ungeplantes Lernen. Es findet im alltäglichen Leben statt, in familiären Gesprächen, im Freundeskreis, aber auch in der Arbeit. Das informelle Lernen ist meist bezogen auf eine zu lösende Aufgabe oder Problemstellung:

> „Informelles Lernen ist ein instrumentelles Lernen, ein Mittel zum Zweck. Der Zweck ist [...] nicht das Lernen selbst, sondern die bessere Lösung einer außerschulischen Aufgabe, einer Situationsanforderung, eines Lebensproblems mit Hilfe des Lernens" (Dohmen 2001, S. 19).

Es wird aber klar vom intentionalen Lernen abgegrenzt:

> „Richtet sich intentionales Lernen von vornherein auf ein vorgegebenes Lernergebnis, so stellt sich beim informellen Lernen ein Lernergebnis ein, ohne dass dies im Allgemeinen bewusst angestrebt worden wäre" (Dehnbostel/Uhe 1999, S. 3).

Zusammenfassend lässt sich das informelle Lernen als ein Lernen außerhalb einer formalen, schulischen Institution beschreiben, was sich meist im Zusammenhang mit anderen Tätigkeiten entwickelt. Das informelle Lernen wurde lange Zeit nur unzureichend betrachtet. Im Zuge des lebenslangen Lernens und der Kompetenzentwicklung bietet aber gerade das informelle Lernen bisher ungenutzte Ressourcen an Wissen und Fertigkeiten, die für die berufliche Handlungsfähigkeit keine unbedeutende Rolle spielen. Wenn man informell erworbene Kompetenzen anerkennen und gegebenenfalls sogar zertifizieren bzw. anrechnen lassen kann, würden Menschen möglicherweise höhere Qualifikationen erreichen bzw. diese wahrscheinlich eher anstreben. Für das deutsche System liegt die größte Herausforderung bei der Anerkennung informell erworbener Kompetenzen. Bislang existiert nur das Instrument der Expertenprüfung für Abschlüsse des dualen Systems und das IT-Weiterbildungssystem, das einen breiteren Zugang für Seiteneinsteiger ermöglicht. Da liegen durchaus Reserven. Gerade letzteres ließe sich auch auf andere Sektoren übertragen (vgl. Hanf 2006, S. 57).

2.6 Internationalisierung und Europäisierung

Die Internationalisierung kann als Umsetzungsprozess der sich intensivierenden weltweiten (Handlungs-) Beziehungen im Zuge der Globalisierung verstanden werden. An einen Absolventen der beruflichen Bildung werden verschiedene Anforderungen gestellt. Er soll über ein möglichst breites Fachwissen verfügen, Methodenkompetenz aufweisen, interkulturelles Wissen sowie Fremdsprachenkenntnisse besitzen (vgl. Bohlinger 2008, S. 26). Durch die zunehmende Vernetzung von Industrienationen werden nationale Curricula durch internationale Bezüge und sogar Auslandsaufenthalte ergänzt. Die Internationalisierung beruflicher Bildung besteht in erster Linie darin „vorhandene Berufsbildungssysteme miteinander zu vernetzen und Auszubildende auf ein Berufsleben in einer globalen Welt vorzubereiten" (ebd.). In Europa lassen sich Entwicklungen erkennen, die darauf abzielen nationale Strukturen beruflicher Bildung möglichst aufrecht zu erhalten. Gleichzeitig soll dem aus der Globalisierung resultierenden erhöhten Wettbewerbsdruck begegnet werden. Man spricht dabei von einem Prozess der Europäisierung, der „zahlreiche Überschneidungen mit dem Prozess der Internationalisierung aufweist, sich aber speziell auf die europäischen Länder bezieht" (ebd., S. 27). Ziel der Europäisierung ist es, die Wettbewerbsfähigkeit des europäischen Wirtschaftsraumes zu stärken und eventuelle Spannungen zwischen den Mitgliedsstaaten der EU abzubauen. Mit diesem Anspruch geht einher, dass das Berufsbildungssystem, bzw. das Bildungssystem als Ganzes, „seine Leistungs- und Konkurrenzfähigkeit auf weltweiten Märkten unter Beweis stellen muss" (Bohlinger 2007, S. 9).

Das Verständnis der eben definierten Begrifflichkeiten ist unerlässlich für die Betrachtung der europäischen und damit auch deutschen Berufsbildungspolitik. Im weiteren Verlauf der Arbeit werden sie daher immer wieder auftauchen. Die nun folgenden Kapitel befassen sich thematisch mit dem Überblick über die europäische Bildungspolitik. Dabei wird auf die Rolle der EU als politischer Akteur konkreter eingegangen und herausgestellt, welche Institutionen an der Konzeption von Strategien und Maßnahmen beteiligt sind. Um die aktuellen Geschehnisse in den einzelnen Mitgliedstaaten einordnen zu können, ist es ebenfalls von Bedeutung, die Entwicklungen und die Wirksamkeit europäischer Bildungspolitik näher zu beleuchten. Nach der theoretischen Auseinandersetzung, sowie dem geschichtlichen Abriss, werden die einzelnen Strategien, sowie die zu deren Umsetzung angedachten Instrumente in den Fokus gerückt.

3. Europäische Bildungspolitik

Das Ziel europäischer Bildungspolitik ist es, den europäischen Wirtschaftsraum international wettbewerbsfähiger zu machen. Globalisierung und Internationalisierung wirken dabei direkt auf politische Strategien und gesellschaftliche Prozesse. Mit der EU existiert eine supranationale Organisation, die auf die politischen Entscheidungen der einzelnen Länder einen gewissen Zwang ausübt. Die konkrete Umsetzung von politischen Strategien wird als Prozess des Politiktransfers verstanden. Die politische Einflussnahme im Bereich der Bildungspolitik umfasst aber nicht nur rechtliche Instrumente, sondern auch politische „Überzeugungskraft, die Suche nach Befürwortern oder die schlichte Offenheit von Regierungen bzw. Politikern gegenüber Neuerungen" (Bohlinger 2007, S. 9). Im Folgenden sollen die Entwicklungen, Strategien und die zur Umsetzung angedachten Instrumente näher beschrieben werden.

3.1 Die Europäische Union als bildungspolitischer Akteur

Im Jahre 1992 entstand die Europäische Union mit Unterzeichnung des Maastrichter Vertrages und erlangte damit den politischen Vertretungsanspruch für ganz Europa. Durch das Zusammenspiel von nationalen und supranationalen Akteuren muss die EU stets die Interessen einzelner Nationen mit dem gesamteuropäischen Interesse abwägen. Durch das Harmonisierungsverbot kann die EU bildungspolitische Aktivitäten nur in einem begrenzten Rahmen vollziehen, weil ihr keine legislatorischen Instrumente zur Verfügung stehen. „Das Harmonisierungsverbot meint den Ausschluss jeglicher Harmonisierung in Bezug auf die Rechts- und Verwaltungsvorschriften der Mitgliedsländer" (Ohidy 2009, S. 66). Allgemein gesehen, brauchen europäische Rechtsakte keinen nationalen Umsetzungsakt mehr. Sollten die Rechte mit den nationalstaatlichen Rechten kollidieren, so hat das Europarecht Anwendungsvorrang, weil es hierarchisch höher verordnet ist. In Deutschland liegt die letzte Entscheidung dennoch beim Bundesverfassungsgericht, wenn das Europarecht dem deutschen Recht entgegen steht (vgl. ebd.).

Obwohl die EU keine eigenen bildungspolitischen Befugnisse in sich vereint, kann dennoch ein zunehmender Einfluss auf die einzelnen Bildungspolitiken der Mitgliedsstaaten beobachtet werden. Durch finanzielle Mittel, wie den Europäischen

Sozialfond, der nur gewährt wird, wenn bestimmte Auflagen erfüllt sind, kann die EU indirekt Einfluss nehmen, da die Länder ihre nationalen bildungspolitischen Entwürfe an internationale Vorgaben anpassen müssen (vgl. ebd., S. 67). Außerdem übt die EU einen Druck durch internationale Vergleichsstudien, Bildungsberichte und die Offene Koordinierungsmethode (OMC)[2] aus. Die hierarchische Darstellung der Ergebnisse der Leistungsvergleichsstudien erzeugt einen gewissen Anpassungsdruck, da sie den Erfolgen oder Missständen besonderen Nachdruck verleihen. Die Offene Koordinierungsmethode soll die Bildungspraxis der einzelnen Mitgliedsstaaten der EU respektieren und einen Vergleich ermöglichen, um eigene Stärken und Schwächen erkennen zu können. Die Methode an sich baut auf insgesamt 4 Elemente (vgl. Ohidy 2009, S. 83): Zunächst sollen gemeinsame politische Leitlinien formuliert werden. Die Nationen verpflichten sich dazu, einen konkreten Plan von Aktionen zu entwickeln. Diese werden dann innerhalb der Europäischen Gemeinschaft zusammen bewertet und jedes Land muss Indikatoren und Benchmarks erarbeiten, um die Umsetzung der politischen Ziele kontrollieren zu können. Somit koordiniert und steuert die EU selbst in dem sensiblen Politikbereich der Bildungspolitik, ohne die Mitgliedsstaaten in ihrer Souveränität zu beschränken.

> „Das permanente gemeinsame Monitoring und die gemeinsame Verpflichtung mit anderen Staaten […] bewirken, dass die einzelnen Staaten sich an das gesteckte Ziel annähern" (ebd., S. 68).

Weiterhin gibt es Aktivitäten der EU, die symbolischen Charakter haben und als Appell zu verstehen sind. Hierunter fällt zum Beispiel das Ausrufen des Jahres lebensbegleitenden Lernens 1996.

An der Ausarbeitung bildungspolitischer Konzepte der EU sind vor allem vier Organe beteiligt: der Europäische Rat, der Rat der Europäischen Union, das Europäische Parlament und die Europäische Kommission. Der Europäische Rat, der sich aus den Staats- und Regierungschefs der einzelnen Länder zusammensetzt, fungiert dabei als Impulsgeber und legt die allgemeinen politischen Zielvorstellungen fest. Er „verabschiedet also allgemeine Leitlinien" (ebd., S. 70). Der Rat der Europäischen Union bildet zusammen mit dem Europäischen Parlament das zentrale Entscheidungsorgan. Und die Europäische Kommission besitzt mehrere Funktionen:

> „Sie ist an der Legislative insofern beteiligt, als sie über Initiativrecht verfügt und dem Rat sowie dem Europäischen Parlament Gesetzesakte vorschlägt, die diese wiederum beschließen. Im Bereich der Exekutive werden von der Kommission verbindliche Durchführungsbeschlüsse getroffen. Schließlich wacht sie als so genannte *Hü-*

---

[2] Open Method of Coordination

terin der Verträge über die Anwendung des Vertragsrechtes und leitet bei Verstößen entsprechende Schritte ein" (Schemmann 2007, S. 108).

3.2 Das Subsidiaritätsprinzip

Das Subsidiaritätsprinzip bildet auf europäischer Ebene die Basis aller bildungspolitischen Entscheidungen.

> „Es basiert auf der Überlegung, dass das, was der Einzelne nicht aus eigener Initiative und mit eigenen Kräften leisten kann, ihm nicht entzogen und der Gemeinschaft übertragen werden darf, sondern dass diese vielmehr im Bedarfsfall dazu verpflichtet ist, dem Individuum bzw. dem Nationalstaat Hilfe zu leisten" (Bohlinger 2008, S. 34).

Im Grunde umfasst diese Regelung sowohl die Verpflichtungen der gesamten EU gegenüber den einzelnen Staaten, als auch das Verbot vorschnell einzugreifen, wenn das einzelne Land die benötigten Kompetenzen besitzt, sich selbst eines Problems annehmen zu können. Für die Bildungspolitik gilt, dass die Gemeinschaft weder dazu befugt ist, Bildungsziele oder Bildungsinhalte zu diktieren, noch darf sie Einfluss auf die Gestaltung der Bildungslandschaften der Teilnehmerstaaten nehmen.

> „Der Begriff der Subsidiarität gehört im Konzept der Diskussion um einen europäischen Bildungsbegriff zu den Kernbegriffen der berufsausbildungspolitischen Diskussion, weil die Interpretation dieses terminus technicus die politischen Rahmenbedingungen definiert, innerhalb derer politisches Handeln auf europäischer Ebene möglich bzw. nicht möglich ist. Aus der Sicht der Kommission bedeutet das Prinzip der Subsidiarität insofern die Definition berufsausbildungspolitischer Handlungspotentiale, während aus der Sicht der Mitgliedstaaten die Definition der Subsidiarität vornehmlich als Mittel zur Definition der nationalstaatlichen Handlungsautonomie fungiert" (Lipsmeier/Münk 1994, S. 29f.).

3.3 Wirksamkeit politischer Strategien

Um die Wirksamkeit politischer Strategien der EU zu messen, wird meist geprüft, inwieweit die EU politischen Einfluss auf nationalstaatlichen Maßnahmen hat.

> „Für eine korrekte Messung des Impact von Maßnahmen und Strategien zur Umsetzung von Zielen wie z.B. bei den Lissabon-Zielen reicht […] eine Übereinstimmung von Maßnahmen und Richtlinien nicht aus, sondern es muss zudem nachweisbar sein, dass die Maßnahmen tatsächlich und ausschließlich in Folge der Richtlinien ergriffen wurden. Hier liegt eines der Kernprobleme der Wirksamkeitsanalyse politischer Strategien und Prioritäten" (Bohlinger 2007, S. 11).

Um die Umsetzung ihrer Ziele durch die Mitgliedstaaten dennoch relativ genau verfolgen zu können, wurde die OMC eingeführt. Dabei werden entsprechende Zielvorgaben in Leitlinien festgesetzt und für die jeweiligen Nationen wird ein detaillierter Umsetzungsplan erstellt. Durch regelmäßige Evaluation und Monitoring wird demnach die Einhaltung der Zielsetzungen geprüft. Zugleich können die einzelnen Staaten ihr Vorankommen und ihre Erfolge bei der Umsetzung untereinander vergleichen und bewerten.

> „Zur Bewertung wird dabei die Methode des Vergleichs in Betracht gezogen, d.h. das Benchmarking soll die Mitgliedstaaten zu besseren Leistungen bewegen. Zudem sollen sich die Nationalstaaten an jenen Ländern orientieren, die die beste Leistung erbringen […] Für diesen Zweck werden jährliche Berichte veröffentlicht und an den Europäischen Rat weitergeleitet. Auf diese Weise soll ein europaweiter Lernprozess der Mitgliedstaaten gefördert werden, durch den die Gemeinschaft eine stärkere Koordinationsfunktion übernehmen würde" (ebd., S. 12).

Grundsätzlich lässt sich dieses Prinzip mit den Lernstanderhebungen und Leistungsvergleichen wie z.B. PISA in Verbindung setzen. Der Vergleich mit anderen steht im Vordergrund, damit die Staaten einschätzen können, wo sie stehen und welcher Handlungsbedarf sich daraus ergibt.

Die EU gibt in der Berufsbildungspolitik klare Zielsetzungen vor und durch die Motivation der einzelnen Länder, besser zu sein als die jeweils anderen, prüft jede Nation stetig den eigenen Fortschritt der Umsetzung und erarbeitet neue Umsetzungsstrategien. Das System lebt also von dem Vergleich mit anderen und dem Anspruch besser zu sein als der Nachbarstaat. Durch dieses Streben findet eine dauerhafte Evaluation statt und die nationalstaatlichen Maßnahmen können direkt auf die europäischen Leitlinien zurückgeführt werden.

3.4 Lissabon – Kopenhagen – Maastricht – Helsinki

Die europäische Zusammenarbeit im Bereich der Berufsbildung hat durch gemeinsame Sitzungen, wie in Lissabon und Kopenhagen, deutlich an Dynamik gewonnen. Die wichtigsten Themen der politischen Initiativen sind „ dabei die Zertifizierung, Transparenz und Übertragbarkeit von Qualifikationen" (Bohlinger 2008, S. 36). Um die Ausrichtung der europäischen Berufsbildungspolitik sowie die daraus resultierenden Strategien verstehen zu können, muss die geschichtliche Entwicklung der Zusammenarbeit explizit betrachtet werden. Im Gipfel von Lissabon verständigten sich die europäischen Staaten darauf, die Investitionen in das lebenslange Lernen zu erhöhen und insgesamt auch effizienter einzusetzen. Weiterhin wurde hier die berufliche Bildung als strategisches Ziel anerkannt. Im März 2002 trafen sich die Staats- und Regierungschefs der Mitgliedstaaten in Barcelona, wo das Programm *Allgemeine und berufliche Bildung 2010* verabschiedet wurde,

> „das dazu beitragen soll, die europäischen Bildungssysteme der allgemeinen und beruflichen Bildung zu einer weltweiten Qualitätsreferenz zu machen. In den Schlussfolgerungen dieses Treffens wurden zudem Maßnahmen im Bereich der beruflichen

Bildung gefordert, um die Transparenz von Qualifikationen und eine engere Kooperation zwischen den beteiligten Akteuren zu fördern" (ebd., S. 37).

In der Kopenhagener Erklärung vom November 2002 wurden die Verbesserung der Qualität und die Förderung der Attraktivität der beruflichen Bildung als politische Ziele für Europa definiert. Damit steht sie in unmittelbarer Beziehung zu der Lissabon-Strategie. Die Erklärung zeigt die Verbindlichkeit europäischer Bildungspolitik und zugleich ihre Dynamik (vgl. Rauner et al. 2006, S. 7). Um das vorrangige Ziel der Förderung der Wettbewerbsfähigkeit Europas zu erreichen, werden „berufliche Bildung und lebenslanges Lernen damit zu zentralen Elementen der europäischen Politikstrategien" (Bohlinger 2008, S. 38). Die konkreten Ziele der Kopenhagener Erklärung im Bereich der Bildung umfassen (vgl. ebd., S. 38f.):

- die Entwicklung eines einheitlichen Konzepts zur Förderung der Transparenz von Qualifikationen und Kompetenzen
- die Verbesserung der Transparenz in der beruflichen Bildung unter Einbeziehung bereits bestehender Instrumente wie dem europäischen Lebenslauf und dem Europass
- die Qualitätssicherung aufgrund von gemeinsamen Qualitätskriterien für die berufliche Bildung
- die Entwicklung eines europäischen Leistungspunktesystems und die Entwicklung von gemeinsamen Bezugsniveaus und Zertifizierungsgrundsätzen, um die Vergleichbarkeit, Transparenz und Anerkennung von Qualifikationen zwischen den Mitgliedstaaten zu fördern
- sowie die Validierung informellen und non-formalen Lernens

Allgemein lassen sich also drei wichtige Handlungsfelder erkennen: die Förderung von Transparenz, sowie die Anerkennung von Qualifikationen und die Qualitätssicherung in der beruflichen Bildung. Weiterhin wurden drei Arbeitsgruppen gebildet, die sich mit den Themen Qualitätssicherung, Transparenz und Leistungspunktesystem befassen und Anfang 2003 ihre Arbeit aufnahmen.

In dem Folgebeschluss zur Kopenhagener Erklärung, dem Maastricht-Kommuniqué, wurde im Dezember 2004 die forcierte Zusammenarbeit zur Modernisierung der europäischen Berufsbildungssysteme durch die Bildungsminister der Mitgliedstaaten festgehalten. Außerdem sieht es konkrete Pläne und Maßnahmen für die europäische Umsetzung des EQR und des ECVET vor (vgl. ebd., S. 40). Da die Europäische Union im Jahre 2005 deutlich unzufrieden mit der Umsetzung der Ziele der Lissabon-Strategie war, wurde im Kommuniqué von Helsinki nochmals die Rolle der beruflichen Bildung herausgestellt. Demnach ist sie ein zentraler Faktor zur Erreichung der Wettbewerbsfähigkeit. Darüber hinaus wurde die weitere Umsetzung der Lissabon-Strategie beschlossen, deren Schwerpunkte die Steigerung der Attraktivität, sowie des Stellenwertes der Berufsbildung und die Weiterentwicklung bzw. Erprobung gemeinsamer europäischer Instrumente sind.

3.5 Die Strategie *Europa 2020*

Im März 2010 wurde das Programm *Europa 2020* von der Europäischen Kommission vorgeschlagen und im Juni desselben Jahres vom Europäischen Rat verabschiedet. Mit dieser Strategie versucht die EU an die Lissabon-Ziele anzuknüpfen, die nach nunmehr 10 Jahren, dieses Jahr ausgelaufen ist und anscheinend unzureichend umgesetzt wurde. Kern der neuen Strategie sind drei Wachstumsprioritäten (intelligentes, nachhaltiges und integratives Wachstum) und sieben Leitinitiativen als spezifische Aktionspläne. Die Leitinitiative „Jugend in Bewegung" sieht vor, die europäischen Bildungssysteme leistungsfähiger und international attraktiver zu gestalten, sowie die Beschäftigungschancen der Jugendlichen zu verbessern. Um die Qualität der allgemeinen und beruflichen Bildung zu erhöhen, sollen u.a. weitreichende Modernisierungsmaßnahmen in Angriff genommen werden und die Anerkennung des nichtformalen und informellen Lernens gefördert werden (vgl. Europäische Kommission 2010, S. 14). Die einzelnen Mitgliedstaaten werden dabei aufgefordert, wirkungsvoll in alle Bereiche der Bildung zu investieren und

> „die Offenheit und Bedeutung der Bildungssysteme durch die Einführung nationaler Qualifikationsrahmen und besser auf den Bedarf der Arbeitsmärkte zugeschnittene Bildungsergebnisse zu fördern" (ebd.).

Eine weitere Leitinitiative ist die „Agenda für neue Kompetenzen und neue Beschäftigungsmöglichkeiten". Durch den lebenslangen Erwerb von Qualifikationen sollen den Menschen neue Möglichkeiten eröffnet werden, zumal die EU davon ausgeht, dass bisher vor allem Menschen mit solider Bildung oder Ausbildung von den Angeboten des lebenslangen Lernens profitieren. Auch in dieser Leitinitiative werden die Mitgliedstaaten nochmals dazu aufgefordert, die Einführung des Europäischen Qualifikationsrahmens durch die Erstellung nationaler Qualifikationsrahmen zu unterstützen.

Die Lissabon-Strategie hat ihr Ziel, Europa zum wettbewerbsfähigsten Wirtschaftsraum der Erde zu machen, mit ihrem Auslaufen 2010 nicht erreicht. Dieser Fakt ist sicherlich auf mehrere Gründe zurückzuführen. Erstens war sie wahrscheinlich nicht verbindlich genug, so dass viele Regierungen nicht willens waren ihre Anstrengungen zu intensivieren. Zudem litt sie unter zu allgemein gehaltenen Formulierungen und einer mangelnden Koordination unter den einzelnen Ländern (vgl. EUD 2010, S. 5). Die neue Strategie ähnelt der von vor 10 Jahren in vielen Punkten, vor allem in der ökonomischen Ausrichtung. Daher wird es sicher viele Kritiker geben, die ihr ein ähnliches Schicksal voraussagen werden. Aus diesem Grund muss die neue Strategie verbindlicher sein und gegebenenfalls das Nichterreichen gesetzter Ziele sanktioniert werden. Nur wenn die Koordination unter den Mitgliedsstaaten gefördert und die Transparenz bei der Umsetzung der geplanten Maßnahmen erhöht wird, können die gesteckten Ziele realisiert werden.

3.6 Zusammenfassung europäischer Bildungspolitik

Die europäische Bildungspolitik zielt auf die Entwicklung der Kompetenzen. Somit steht nicht der Lernprozess im Fokus der Betrachtung, und damit verbunden auch die Optimierung der Wissensvermittlung, sondern für die EU ist das Endprodukt, also das Ergebnis eines Lernprozesses von besonderer Bedeutung. Anders ausgedrückt, ist die berufliche Bildung an sich kein deklariertes Tätigkeitsfeld der EU, sondern sie wird nur gefördert, um den europäischen Wirtschaftsraum zu stärken.

> „So ist z.B. anhand der Förderung des lebenslangen Lernens nicht das Lernen das eigentliche Ziel der politischen Bemühungen, sondern das Ergebnis der Lernprozesse, d.h. die Entwicklung von Kompetenz. Diese kann dann wiederum als Humanressource eingesetzt werden, um [...] durch die Teilnahme am europäischen Arbeitsmarkt einen Beitrag zur Wettbewerbsfähigkeit der Union zu leisten" (Bohlinger 2008, S. 41).

Daraus ergibt sich, dass auch die Kompetenzentwicklung kein direkt anvisiertes Ziel ist. Es wird davon ausgegangen, dass die Kompetenzentwicklung auf individueller Ebene Ergebnis der europäischen Strategien und Maßnahmen sein wird.

4. Europäische Strategien und Instrumente

Um die bildungspolitischen Ziele zu erreichen und Europa zum wettbewerbsfähigen Wirtschaftsraum zu transformieren, verfolgt die EU unterschiedliche Strategien. Die Zukunft Europas wird mit der Leitidee des lebenslangen Lernens verknüpft. Dieses Konzept stellt die wichtigste Strategie dar. Zusätzlich soll die Vergleichbarkeit, Durchlässigkeit, Transparenz und Mobilität sowohl innerhalb und zwischen den einzelnen Ländern, als auch zwischen Bildungs- und Beschäftigungssystemen erhöht werden. Im Folgenden werde ich auf das lebenslange Lernen, sowie die Förderung von Transparenz und Mobilität näher eingehen.

4.1 Das Lebenslange Lernen

„Der europäische Raum für lebenslanges Lernen soll es dem Einzelnen ermöglichen, sich frei zwischen Mitgliedstaaten, Wirtschaftssektoren und Arbeitsplätzen zu bewegen. Qualifikationen und Kompetenzen gelten dabei als Währung, durch die lebenslanges Lernen [...] gefördert werden soll" (Bohlinger 2008, S. 38).

Obwohl es keine einheitliche Definition dafür gibt, was lebenslanges Lernen genau beinhaltet, orientieren sich alle Maßnahmen an der

„Idee, das Lernen aller Individuen in allen Lebensphasen und allen Lebensbereichen sowie an unterschiedlichen Lernorten und in vielfältigen Lernformen zu fördern" (Bohlinger 2007, S. 19)

Ein zentraler Aspekt des lebenslangen Lernens ist die Vermittlung von Kompetenzen, bzw. die Kompetenzentwicklung. Das bildungspolitische Konzept des lebenslangen Lernens wurde 1996 durch die Ausrufung des *Europäischen Jahres des lebensbegleitenden Lernens* zur

„wichtigsten pädagogischen Leitidee im europäischen Raum. Seitdem gilt lebenslanges Lernen als die einzig mögliche Antwort auf eine sich immer schneller verändernde Welt in Zeiten der Globalisierung" (Ohidy 2009, S. 151).

Im Jahre 2000 wurde die sogenannte Lissabon-Strategie[3] von den Staats- und Regierungschefs der Mitgliedsländer beschlossen. Das Ziel war es, Europa bis zum Jahre 2010 zum wettbewerbsfähigsten und dynamischsten wissensbasierten Wirtschaftsraum der Welt zu machen. Um dieses ehrgeizige Ziel zu erreichen, wurde

---

[3] http://www.europarl.europa.eu/summits/lis1_de.htm

„die koordinierende Rolle der EU in allen Bereichen, die auf die Entwicklung einer Wissensgesellschaft Einfluss haben könnten, verstärkt. Da aber die Mitgliedsstaaten die Befürchtung artikulierten, dass ihre nationale Souveränität beeinträchtigt werden könnte, wurde in Lissabon die im Bereich der Beschäftigungspolitik entwickelte Offene Koordinierungsmethode als Konsens zwischen nationalen und supranationalen Interessen und Akteuren im Bereich Bildungspolitik adaptiert" (Ohidy 2009, S. 82f.).

Im selben Jahr wie die Lissabon-Strategie, genauer gesagt im Oktober 2000, erschien das *Memorandum über lebenslanges Lernen*. In diesem Dokument werden nochmals die Bestrebungen, die einzelnen Bildungs- und Ausbildungssysteme der Mitgliedstaaten an die Herausforderungen im 21. Jahrhundert anzupassen, verdeutlicht. Im Kern dieses Dokuments steht lebenslanges Lernen „als umfassendes, alle Lebensbereiche und Altersphasen des menschlichen Lebens einschließendes Konzept" (ebd., S. 88), sowie die Konkretisierung der Verwirklichung. Ziel ist es, das Konzept des lebenslangen Lernens in die Politik der einzelnen Nationen zu implementieren:

„Die Mitgliedsstaaten der Europäischen Union sind eindeutig zu einem breiten Konsens darüber gelangt, dass lebenslanges Lernen ein Thema von gemeinsamem Interesse ist. Eine Umsetzung in wirksame Maßnahmen blieb bislang jedoch aus. Die Zeit ist reif, dies nun in Angriff zu nehmen" (Europäische Kommission 2000, S. 7f.).

Damit wurde nochmals die Relevanz des lebenslangen Lernens als eines der wichtigsten Politikkonzepte unterstrichen. Es ist zugleich Leitlinie, als auch Ziel der europäischen Bildungspolitik.

Um das lebenslange Lernen zu fördern, wurde eine Reihe von pädagogischen Konzepten entwickelt. Darunter fällt unter anderem die Entwicklung des Kreditpunktesystems, dass alle Lernarten, auch non-formales und informelles Lernen, einschließt. Weiterhin lernerzentrierte Ansätze, in denen die Lernmotivation in den Vordergrund rückt, um aus der Perspektive des Individuums zu erörtern, inwieweit Lernen erlernt werden kann, damit man sich selbst verwirklicht und seine Persönlichkeit weiter entwickelt (vgl. Bohlinger 2007, S. 15f.). Lernen wird dabei als komplexer Begriff definiert, der das Aneignen bzw. Vertiefen von Kenntnissen, Fertigkeiten und Kompetenzen über die gesamte Lebensspanne einschließt.

„In diesem Sinne muss Lernen als permanenter Prozess verstanden werden, der von frühester Kindheit bis ins hohe Alter den gesamten Lebenszyklus umfasst, der nicht auf einen Zielbereich (Beschäftigungsfähigkeit oder Persönlichkeitsentwicklung) eingegrenzt werden kann und der sich gleichermaßen auf formale, non-formale Bildung und informelles Lernen bezieht" (Bohlinger 2008, S. 144).

Dass das Lernen sich nicht auf einen Tätigkeitsbereich eingrenzen lässt, schließt natürlich nicht aus, dass es dennoch stets im Hinblick auf die Beschäftigungsfähigkeit, die soziale oder kulturelle Teilhabe erworben wird. Es erfolgt „im Rahmen einer persönlichen, bürgerschaftlichen, sozialen bzw. beschäftigungsbezogenen Perspektive" (Kommission der Europäischen Gemeinschaften 2001, S. 9).

Zur Umsetzung der Konzepte des lebenslangen Lernens gibt es eine Vielzahl an Debatten. Fraglich ist weiterhin, ob der Schwerpunkt auf den Lerninhalten oder auf dem Lernen zu lernen liegt, und ob Lerninhalte allgemein eher thematisch oder analytisch strukturiert werden sollen. Allgemein soll ein stärkerer Fokus auf den Lernergebnissen liegen. Und eine

> „verstärkte Individualisierung und Differenzierung von beruflichen Bildungswegen (z.B. durch Modularisierung, Doppelqualifizierung oder die Verbindung von Erstausbildung und Weiterbildung) (bietet) neue Möglichkeiten der Kompetenzentwicklung" (Bohlinger 2007, S. 20).

Auch das arbeitsprozessorientierte Lernen, also interaktiv, dezentralisiert und selbstorganisiert, sowie Coaching, Mentoring und das Lernen im Arbeitsprozess, werden zunehmend eine größere Rolle spielen.

Fest steht, dass der Europäische Rat beschlossen hat, die berufliche und allgemeine Bildung durch das Konzept des lebenslangen Lernens bis zum Jahr 2010 zu einer weltweiten Referenz zu transformieren. Dass es einigen Mitgliedstaaten aber daran mangelt, qualitativ hochwertige Bildungsangebote zu gewährleisten, wurde nur unzureichend berücksichtigt. So lässt sich festhalten, dass nicht alle Länder „die Voraussetzungen für eine qualitativ hochwertige Ausbildung, z.B. durch innovative und aktuelle Lehr-/Lernmethoden" (ebd., S. 16) erfüllen. Zusätzlich muss die Rolle des Lehrers aufgewertet werden und eine stärkere Durchlässigkeit zwischen den verschiedenen Bildungswegen geschaffen werden. Damit einher geht ein prinzipiell erleichterter Zugang zur allgemeinen und beruflichen Bildung für alle. In diesem Zusammenhang muss man auch die Geringqualifizierten betrachten, deren berufliche

Aus- und Weiterbildung forciert und gefördert werden soll, um schlussendlich ihre Anzahl zu reduzieren. Denn:

> „lebenslanges Lernen wird als Chance zur Entwicklung der Persönlichkeit, zur Sicherung und Erweiterung der dauerhaften Erwerbsfähigkeit und zur Verbesserung und Stabilisierung der Beschäftigungsfähigkeit und –situation von Individuen betrachtet. Es dient zugleich dem Abbau von Benachteiligungen und dazu, der Wirtschaft qualifiziertes Fachkräftepotential in ausreichendem Maße zur Verfügung zu stellen" (ebd., S. 19).

Daran lässt sich die ökonomische Ausrichtung des lebenslangen Lernens verdeutlichen. Das Konzept verfolgt aber mehrere Ziele. Je nach Betrachtungsebene kann man diese unterschiedlich verorten. Die folgende Abbildung gibt einen kleinen

Überblick über die Ziele auf den Ebenen des Individuums, der Unternehmen und der Mitgliedstaaten bzw. der gesamten EU.

Abbildung 1: Ziele des lebenslangen Lernens

Ebene	Ziele
Mikro (Individuum)	– Anpassung an die sich wandelnden Herausforderungen des Arbeitsmarktes – Förderung der persönlichen Entwicklung, des Selbstvertrauens, der Selbstrealisierung und der Ich-Identität – Förderung der beruflichen Laufbahn durch den Erhalt und die Verbesserung der individuellen Fähigkeiten und Fertigkeiten, insbesondere für Beschäftigte – Die Vermeidung der Wissensveraltung
Meso (Unternehmen; im europäischen Vergleich auch Staaten als Akteure auf der Mesoebene)	– Innovation durch die ständige Aufrechterhaltung von Qualifikationen (meist durch Aktivitäten der Unternehmen) – Erhöhung ökonomischer Effizienz, Produktivität, des individuellen Verdiensts und des Volkseinkommens
Makro (gleichermaßen Nationalstaaten wie EU)	– Aufholung im Fall inadäquater Qualifikationen; hauptsächlich Maßnahmen für besondere Zielgruppen oder um Grundqualifikationen anzubieten – Abminderung der Probleme von Risikogruppen wie Geringqualifizierte, Frauen, ältere Arbeitnehmer, Arbeiter in prekären Lebenssituationen, Schulabgänger – kurative oder kompensatorische Funktion, die auf die arbeitsmarktbezogene Orientierung an Fähigkeiten und Fertigkeiten zielt oder die Bereitstellung fehlender Qualifikationen im Kontext von Sozial- und Arbeitsmarktpolitik – Erfüllung der Anforderungen der sozialen und demokratischen Entwicklungen in den europäischen Gesellschaften
Mikro, Makro	– Präventive oder kumulative Funktion für Personen, die Fähigkeiten und Fertigkeiten für den Erhalt ihrer Beschäftigung oder für die Verbesserung ihrer beruflichen Tätigkeit erwerben wollen – Erhöhung kultureller Teilnahme und sozialer Kompetenz

(Quelle: Bohlinger 2008, S. 150)

Einzelne Aspekte lassen sich auf mehreren Ebenen finden oder es gibt fließende Übergänge. So kann man das Ziel der Anpassung an den sich wandelnden Arbeitsmarkt sowohl dem Individuum, als auch den Unternehmen sowie der Staatsebene zuschreiben. Demnach will jeder Einzelne seine Kompetenzen erweitern, um seine berufliche Position zu erhalten oder zu verbessern. Die Unternehmen wollen möglichst effizient arbeiten, um Gewinne zu erzielen.

Und den Staat bzw. die gesamten Humanressourcen eines Landes gilt es an die Herausforderungen anzupassen.

Um diese Ziele zu erreichen, müssen aber noch einige Herausforderungen gemeistert werden. Der Anspruch wettbewerbsfähig zu bleiben, ist unweigerlich mit Investitionen in Aus-, Fort- und Weiterbildung, und in die zugrundeliegenden Lehr- und Lernmethoden verbunden.

> „Zu den Haupthindernissen bei der Umsetzung von lebenslangem Lernen gehören ökonomische und finanzielle Barrieren, während Zeitknappheit das bedeutendste Lernhindernis darstellt" (Bohlinger 2007, S. 27).

Außerdem lassen sich die Effekte der politischen Strategien auf die tatsächliche Förderung des lebenslangen Lernens kaum messen, weil zuverlässige und vergleichende Daten nicht in allen Bereichen vorliegen. Die Relation zwischen den getätigten Investitionen und der damit erhofften Steigerung der Wettbewerbsfähigkeit muss noch empirisch begründet werden. Zurzeit wird

> „für die Erfassung lebenslangen Lernens [...] auf Statistiken über die allgemeine und berufliche Bildung und damit auf formelle Bildungs- und Berufsbildungssysteme zurück gegriffen" (ebd., S. 32).

Für eine statistische Messung reicht die Auswertung dieser Daten aber bei weitem nicht aus. Das Lernen am Arbeitsplatz, selbstgesteuerte und informelle Lernprozesse müssen zusätzlich betrachtet werden.

Eine weitere Herausforderung stellt die öffentliche Akzeptanz der Leitidee an sich und die Konkretisierung des Konzeptes dar, denn erstens ist es für die breite Masse kaum ersichtlich, warum lebenslanges Lernen auf einmal so populär geworden ist. Lernen war ja schon immer fester Bestandteil des Lebens, wie man an Sprichwörtern wie „Man lernt nie aus" erkennen kann. Dazu kommt, dass der Mensch, wenn er unter Nützlichkeitsaspekten als Humanressource deklariert wird, seiner Würde beraubt wird und zum bloßen Objekt für die Wirtschaft degradiert wird. Und zweitens wird das Konzept des lebenslangen Lernens in der wissenschaftlichen Diskussion oftmals auch kritisiert aufgrund seiner verschiedenen, teilweise auch sich widersprechenden Inhalte und Auslegungen. So spricht Christiane Gerlach von einer „leeren Worthülse" (Gerlach 2000, S. 10). Es erscheint

> „in den EU-Dokumenten oft als Zauberformel, als Lösung nahezu für jedes Problem [...] die – meistens sehr allgemein gehaltene und wenig greifbare – Zukunftsbilder und Visionen fabriziert. Oft genug handelt es sich dabei nur um Luftschlösser oder schöne Worte" (Ohidy 2009, S. 13).

Doch obwohl lebenslanges Lernen wie ein Slogan wirkt, sind mit dem Konzept konkrete bildungspolitische Konzepte verbunden.

Zusammenfassend lässt sich festhalten, dass lebenslanges Lernen eine entscheidende Rolle in der Bildungspolitik der EU spielt. Die Verwirklichung des Konzepts wird durch die Union überwacht, in dem sie ihre eigentlich beratende und koordinierende Rolle um Kontrollbefugnisse erweitert hat. Dabei hat sie eine „Nische in dem von den Nationalstaaten bewachten Bildungsterritorium gefunden, welche zweifelsohne die nationalen Bildungspolitiken in Zukunft beeinflussen wird" (Bektchieva 2004, S. 55).

Demnach übt die EU trotz Harmonisierungsverbot und Subsidiaritätsprinzip einen entscheidenden Einfluss auf die Mitgliedstaaten aus, der sich in den folgenden Jahren wahrscheinlich noch verstärken wird.

4.2 Die Förderung von Mobilität

Die zweite Strategie ergibt sich aus der geringen grenzüberschreitenden Mobilität, sowie der unzureichenden Integration von Migranten, die jeweils Hindernisse für die Bereitstellung von hochwertigen Bildungsangeboten zur Förderung des lebenslangen Lernens darstellen. Die Förderung der geographischen Mobilität als zielt auf den Erhalt der Wettbewerbsfähigkeit von Nationen. Sie verbessert die Beschäftigungschancen des Einzelnen, erweitert den Erfahrungshorizont und fördert den Wissenstransfer, sowie den kulturellen Austausch zwischen den Ländern (vgl. Bohlinger 2008, S. 168). Die Absicht, eine umfassende Migrationspolitik in Europa zu verfolgen, steht vor der Herausforderung, gemeinsame Strategien zu entwickeln und dabei die jeweiligen tradierten nationalstaatlichen Migrationspraktiken und -politiken zu berücksichtigen.

Die Arbeitsmarktmigration entwickelte sich erst mit der EU-Osterweiterung zu einem wichtigen Bestandteil der Europapolitik, obwohl über die Angliederung viele kontroverse Diskussionen geführt wurden. Oftmals fielen Worte wie Lohndumping und die Überschwemmung des Arbeitsmarktes.

> „Tatsächlich lag der Anteil der Unionsbürger, die in einem anderen als ihrem Herkunftsland leben und arbeiten, in den vergangenen 30 Jahren durchweg lediglich bei 1,5 Prozent [...] Der Anteil der EU-Binnenmigration insgesamt ist sogar so gering, dass die Europäische Kommission darin ein Entwicklungshindernis für die gesamte Region sieht und die Wanderung noch fördern möchte" (Bendel 2006, S. 145).

Obwohl im Vorfeld der Osterweiterung viele Prognosen getätigt wurden, blieb die Migrationswelle in die westlichen EU-Staaten aus. Ein Grund dafür könnten die sich angleichenden Lebensstandards sein, denn „wenn die strukturellen Distanzen stark abgenommen haben, sind die Determinanten einer Massenmigration weggefallen" (Hoffmann-Nowotny 2000, S. 78). Für die Zukunft des europäischen Wirtschaftsraums ist die geographische Mobilität aber weiterhin von großer Bedeutung. Denn sie bietet die Möglichkeit rasch auf den Arbeitsmarktbedarf einzugehen, vor allem auch in Bezug auf den fortschreitenden demographischen Wandel und den drohenden Fachkräftemangel. Dabei gilt es zu beachten, welche Faktoren einen Einfluss auf die Migration des Einzelnen haben. Allgemein wird die Arbeitsmarktsituation zwischen aktuellem und zukünftigem Wohnort abgewogen, aber auch die Lebensunterhaltungskosten, die Infrastruktur und das Bildungssystem. Mobilitätswillige stoßen aber häufig auf soziale und monetäre Hemmnisse. So gibt es meist keine

Möglichkeit Sozial- und Rentenansprüche zu transferieren. Und auch das Erlernen einer neuen Sprache bzw. das Anpassen an eine verschiedene Kultur stellt viele Menschen vor große Herausforderungen (vgl. Bohlinger 2007, S. 72). Daher werden wohl vor allem gesuchte Spezialisten oder Menschen mit ausgeprägten sprachlichen Kompetenzen die Arbeitnehmerfreizügigkeit nutzen. Für die Aufnahmeländer gestaltet sich die Mobilität weit risikoärmer, gewinnen sie doch zusätzliches Humankapital, ohne selbst in dieses investiert zu haben. Die Effekte der Arbeitsmigration wurden schon oft versucht zu messen. Grundlegend wird nach der Beschäftigungsdauer, also kurz-, mittel- und langfristige Aufenthalte, und nach Beschäftigungssektor unterschieden. Das Messen von geographischer Mobilität ist aufgrund von unzureichenden Daten ungemein schwierig. Denn „bislang verfügt kein Land über ein umfassendes Bericht- und/oder Monitoringsystem für die Erfassung von Migrationsströmen" (ebd., S. 63).

Für eine Förderung der Mobilität von Arbeitskräften müssen nationale Bildungsabschlüsse umstandslos in ganz Europa anerkannt werden. Die

> „Verwirklichung des europäischen Binnenmarktes setzt zwar die Mobilität von Arbeitskräften als Schlüsselprinzip der europäischen Politik voraus, dem steht aber die mangelnde Transparenz von Aus- und Weiterbildungsabschlüssen als Hindernis vor allem innereuropäischer Mobilität gegenüber" (Bohlinger 2008, S. 168).

Die Transparenz und die Vergleichbarkeit von beruflichen Qualifikationen zwischen den Mitgliedstaaten stellen somit Grundvoraussetzungen für die Wanderung von Arbeitskräften dar. Wie dieses verwirklicht werden kann, werde ich im Folgenden näher betrachten.

4.3 Transparenz und Vergleichbarkeit von Kompetenzen

Um Transparenz, Vergleichbarkeit und Übertragbarkeit von Qualifikationen, Kompetenzen und Lernergebnissen zu ermöglichen wird ein Europäischer Qualifikationsrahmen (EQR) und ein europäisches Leistungspunktesystem für die berufliche Bildung (ECVET) entwickelt. Damit soll u.a. auch die Mobilität zwischen den Beschäftigungs- und Bildungssystemen der einzelnen Länder gefördert werden. Qualifikationsrahmen spiegeln den allgemeinen Trend zur Vereinheitlichung wider.

> „Die mit der Einführung von NQF verbundene Erwartung, lebenslanges Lernen und einen offeneren Zugang zu Qualifikationen zu fördern, wird als intrinsische Logik von Qualifikationsrahmen bezeichnet" (Bohlinger 2008, S. 216).

Grundsätzlich müssen gemeinsame Referenzniveaus und Zertifizierungsgrundsätze bestehen, um die Anerkennung von Qualifikationen zwischen verschiedenen Ländern zu gewährleisten. Auf Länderebene werden daher Nationale Qualifikationsrahmen (NQR) entwickelt, die die Länder dem Druck aussetzen, im Bereich der allgemeinen und beruflichen Bildung grundlegende Reformen durchzuführen. Die größte Herausforderung besteht dabei darin, die alten lehrplanbasierten Systeme an die neue Lernergebnisorientierung anzupassen. Zusätzlich müssen sowohl wirtschafts- als auch bildungspolitische Interessen berücksichtigt werden. Auffallend ist auch, dass die geplanten nationalen Qualifikationsrahmen konzeptionelle Überschneidungen aufweisen, aber die bisherigen Erfahrungen anderer Länder mit Qualifikationsrahmen unzureichend berücksichtigt werden (vgl. Young 2006, S. 81). Zusätzliche Schwierigkeiten ergeben sich aus der Frage nach den Zuständigkeiten und dem „Spannungsfeld zwischen pädagogischen, curricularen und beurteilenden Ansprüchen" (Bohlinger 2007, S. 37).

Bevor auf die Instrumente EQR und ECVET eingegangen wird, sollen die allgemeinen Kriterien eines Qualifikationsrahmens geklärt werden. Zunächst lässt sich festhalten, dass es eine Vielzahl von Ländern gibt, die Qualifikationsrahmen entwickelt. Daraus kann man ableiten, dass es ein globales Phänomen ist. Die Einführung dieser Instrumente wird allerding wenig wissenschaftlich diskutiert, sondern gleicht eher „der Einführung einer neuen Währung […] die von allen gewünscht ist, deren Sinn aber an vielen Stellen (noch) zweifelhaft erscheint" (Bohlinger 2007, S. 40). Die langfristigen Konsequenzen und die Umsetzung sind weitgehend unklar. Die wissenschaftlichen Untersuchungen befassen sich meist mit den Kommissionspapieren und vielfach wird die Einführung der nationalen Qualifikationsrahmen mit der Verbesserung der Qualifikationen bzw. Beschäftigungschancen von Geringqualifizierten verbunden. Der Vergleich von existierenden Qualifikationssystemen mit den nationalen Qualifikationsrahmen zeigt ein Spannungsfeld zwischen zwei Prinzipienpaaren: „Das Prinzip des Unterschieds gegen das Prinzip der Ähnlichkeit, sowie das Prinzip des Inputs gegen das Prinzip des Ergebnisses" (Young 2006, S. 82) Während bestehende Qualifikationssysteme davon ausgehen, dass verschiedene Arten von Wissen existieren, die auf unterschiedliche Art und Weise erworben werden, setzen Qualifikationsrahmen voraus, dass Lernergebnisse von der Art und Weise des Erwerbs getrennt werden können und grundsätzlich ähnliche Eigenschaften besitzen. Um einen Qualifikationsrahmen erfolgreich einzuführen, müssen daher bestimmte Voraussetzungen erfüllt sein (vgl. ebd.):

- alle erwerbbaren Qualifikationen müssen beschreibbar sein, um einheitliche Kriterien zu schaffen, die alle Arten von Abschlüssen und alle Formen des Lernens berücksichtigen
- alle Qualifikationen müssen auf einer Hierarchie eingeordnet werden können
- alle Qualifikationen müssen im Hinblick auf Lernergebnisse bewertet werden können, unabhängig davon, wie und wo sie erworben wurden
- alle Qualifikationen müssen in Units unterteilbar sein, die ein Lernstundenvolumen beschreiben
- es werden Benchmarks benötigt, um einheitlich zu akkreditieren und zu bewerten

Für den langfristigen Erfolg ist Vertrauen unter den Akteuren, und vor allem in die Akteure von immenser Bedeutung. Als unbestritten gilt der Nutzen der Qualifikationsrahmen. Können sie doch dazu beitragen, die Komplexität der Systeme zu reduzieren, bei gleichzeitiger Erhöhung der Transparenz und Kohärenz. Weiterhin werden Lernende dazu befähigt, selbständig ihre Lernwege zu identifizieren und umzusetzen.

4.4 Der Europäische Qualifikationsrahmen

Um die geforderte Transparenz und Mobilität innerhalb Europas zu gewährleisten, sollen ein Europäischer Qualifikationsrahmen für lebenslanges Lernen und ein Leistungspunktesystem für die berufliche Bildung eingeführt werden. Die Entwicklung des EQR geht auf das Jahr 2002 zurück, in dem die Europäische Kommission dem Parlament einen Vorschlag vorlegte, eine allgemeine Richtlinie für die Anerkennung beruflicher Qualifikationen einzuführen. Nachdem sich die Länder im Kopenhagen-Prozess darauf geeinigt haben, ihre Berufsbildungspolitik an gemeinsamen Zielen auszurichten, wurde in der Konferenz von Maastricht die Relevanz der Instrumente EQR und ECVET betont. Kern des EQR-Entwurfes von 2004 war eine Matrix aus sechs Dimensionen und acht Niveaus, also 48 Deskriptoren, die der differenzierten Beschreibung der Kompetenzniveaus dienten (vgl. Hanf 2006, S. 60). In der Folgezeit wurde der Vorschlag in allen Ländern beraten. In Deutschland beauftragte das Bundesministerium für Bildung und Forschung (BMBF) das Bundesinstitut für Berufliche Bildung (BIBB) damit, das Dokument zu prüfen und stimmte sich politisch mit der KMK ab (vgl. ebd., S. 62). Die daraus entstandene Stellungnahme wurde zurück an die Kommission geschickt. Neben dem BMBF äußerten sich auch die deutschen Arbeitgeberverbände in einem separaten Schreiben. Die Europäische Kommission hatte im Anschluss die Aufgabe, die ca. 120 erhaltenen Stellungnahmen auszuwerten. Eine wesentliche Aussage der Rückmeldungen war, dass der EQR eine längere Erprobungsphase und Evaluation bedarf, nicht zuletzt, weil bislang kaum vergleichbare Rahmenwerke existieren und der Erfolg des Ansatzes von der nationalen Adaption abhängt. Zusätzlich wurde die Orientierung an Lernergebnissen und die Einteilung in 8 Niveaus breit akzeptiert. Nur die Deskriptoren sollten leichter zu handhaben sein und die Einführung auf nationaler Ebene freiwillig erfolgen. Insgesamt wurde der EQR aber als notwendiges Instrument anerkannt. (vgl. ebd., S. 63). Die Überarbeitung des Entwurfs berücksichtigt diese Anregungen. So wurden z.B. die Kompetenzdimensionen auf drei zusammengezogen. Von nun an unterschied die Kommission in Kenntnisse, Fertigkeiten und sonstige Fähigkeiten. Diese Drei-Gliederung lässt sich grob auch im Berufsbildungsgesetz finden. Nach §1 Abs. 3 BBiG zielt die Berufsausbildung auf die Vermittlung von notwendigen beruflichen Kenntnissen, Fertigkeiten und Fähigkeiten[4]. Unter Kenntnisse (Knowledge) fasst die Kommission alle mentalen Ressourcen, während die Fertigkeiten (Skills) auf die Bewältigung von Aufgaben bezogen sind und die Fähigkeiten (Competence) das situationsübergreifende Handlungspotential darstellt (vgl. Hanf 2006, S. 59). Im April 2008 wurde die Empfehlung des Europäischen Rates vom Januar desselben Jahres unterzeichnet, einen Europäischen Qualifikationsrahmen für lebenslanges Lernen einzurichten. In der wissenschaftlichen Diskussion über die Einführung des EQR zeigt sich, dass dessen Funktionen unterschiedlich ausgelegt werden. Für einen Großteil der Wissenschaftler ist der EQR ein Meta-Rahmen und dient

> „der Erfassung, Abbildung und Bewertung von Qualifikationen und Kompetenzen sowie ihrer Vergleichbarkeit und wechselseitigen Anerkennung in den europäischen Ländern" (Dehnbostel 2008, S. 168).

Während andere in ihm keinen Rahmen zur Erfassung, Bewertung und Zertifizierung/Anerkennung von Kompetenzen sehen. Er sei nur „ein Instrument der Zuordnung von nationalen Qualifikationen bzw. ihrer Klassifikationen" (Hanf 2006, S. 57). Der EQR zielt dennoch auf den Vergleich von nationalen Qualifikationen. Er fördert die Mobilität und bezieht das formelle und informelle Lernen gleichwertig mit ein (vgl. Dehnbostel 2008, S. 168). Demnach lassen sich die Zielhorizonte in die Transparenz, die Durchlässigkeit und die Anerkennung/Zertifizierung von informel-

---

[4] http://bundesrecht.juris.de/bbig_2005/__1.html

lem Lernen unterteilen. Für die Schaffung von Transparenz muss der Blick nicht auf die Qualifikationen gerichtet werden, sondern in sie und damit in die enthaltenen Kenntnisse und Fertigkeiten. Wenn die Qualifikationen zueinander in Beziehung gesetzt werden können, wird die Arbeitsmobilität der europäischen Bürger gefördert. Aus deutscher Sicht besteht großes Interesse an dieser Transparenzfunktion (vgl. Hanf 2006, S. 55). Die Durchlässigkeit des EQR zielt auf die Förderung der Bildungsmobilität. Bildungswege und Qualifikationen können miteinander verbunden und Anschlussstellen der einzelnen Teile identifiziert werden. Die Gewährleistung von Schnittmengen unterschiedlicher Qualifikationen setzt aber deren Modularisierung voraus. Bei der Anerkennung informell erworbener Kompetenzen werden sie auf definierte Standards bezogen, die neu gesetzt oder aus bestehenden Qualifikationen genommen werden. Damit können sich Berufstätige diesen Standards stellen und sich ihre Kompetenzen bescheinigen lassen. Es können aber auch Außenstehende durch das Qualifikationssystem gefördert werden (vgl. ebd., S. 57). Da der EQR als Meta-Rahmen dient, wurde in der Empfehlung zur Einrichtung des EQR 2008 beschlossen, dass die Mitgliedstaaten bis zum Jahr 2010 ihre nationalen Qualifikationsniveaus mit dem EQR verknüpfen sollten. Auch wenn es keine Verpflichtung war, werden von den meisten Staaten freiwillig nationale Qualifikationsrahmen entwickelt. Die folgende Abbildung verdeutlicht die Zuordnung der nationalen Qualifikationen zum NQR und schließlich zum EQR. Aus ihr wird ersichtlich, dass die nationalen Qualifikationsrahmen über eine jeweils unterschiedliche Anzahl an Niveaustufen verfügen:

Abbildung 2: Zuordnung von Qualifikationen zum NQR und zum Meta-Rahmen EQR

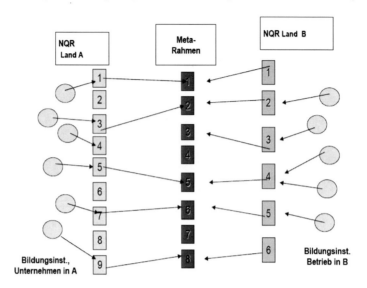

(Quelle: Le Mouillour/Thiel 2007, S. 8)

Das ist sicherlich den unterschiedlichen Ausbildungsgängen und -abschlüssen geschuldet, erschwert aber möglicherweise die Zuordnung zum Meta-Rahmen.

Bei wenigen Niveaus ist die Erfassung scheinbar einfacher, jedoch ergeben sich Unklarheiten bei der Zuordnung. Je mehr Niveaustufen, desto präziser ist zwar die Zuordnung, desto schwieriger wird aber die differenzierende Beschreibung. Auch die acht Niveaus des EQR lassen sehr viel Spielraum und sind nicht wirklich empirisch begründet (vgl. Dehnbostel 2008, S. 171; Hanf 2006, S. 59). Einen weiteren Ansatz zur Kritik stellt die Outcome-Orientierung des EQR dar. Die Ausblendung von Input- und Prozessfaktoren, also von Methoden und Inhalten,

> „stellt eine perspektivische Verengung dar, die die Vorzüge geordneter beruflicher Entwicklungswege, Sozialisationsprozesse und Lernförderung systematisch unterschätzt (Dehnbostel 2008, S. 172).

4.5 Das Leistungspunktesystem ECVET

Das Leistungspunktesystem für die berufliche Bildung teilt mit dem EQR die Orientierung auf die Lernergebnisse. Dabei zielt es nicht nur auf die Schaffung von mehr Transparenz von z.B. im Ausland erreichten Lernergebnissen „sondern auf deren Anerkennung und Transfer" (Le Mouillour et al. 2007, S. 18). Laut dem offiziellen Vorschlag

> „bietet das ECVET einen gemeinsamen methodischen Rahmen, mit dem die Übertragung von Leistungspunkten für Lernergebnisse von einem Qualifikationssystem in ein anderes oder von einer Lernlaufbahn in eine andere erleichtert werden soll [...] und fördert damit die Möglichkeiten der Lernenden, individuelle, zu Qualifikationen führende Lernlaufbahnen zu gestalten" (Kommission der Europäischen Gemeinschaften 2008, S. 9).

Die Entwicklung des European Credit System for Vocational Education and Training (ECVET) orientiert sich an dem Kreditpunktesystem ECTS für Studierende. Um die Mobilität in der beruflichen Ausbildung ebenso zu fördern, wie im Hochschulbereich, ist ECVET „ohne die Modularisierung von Bildungsprogrammen bzw. Qualifikationen sinnlos" (Bohlinger 2007, S. 80). Um die Lernergebnisse zu beschreiben, werden kleine, standardisierte Einheiten gebildet (Units). Diese Units können transferiert bzw. akkumuliert werden. Um die Validierung der Ergebnisse beruflicher Erfahrungen bzw. auch das Anrechnen auf eine Gesamtqualifikation zu gewährleisten, müssen entsprechende Verfahren und zuständige Stellen in allen europäischen Mitgliedstaaten geschaffen werden. Notwendig sind zudem nationale Vereinbarungen zwischen Bildungseinrichtungen, Behörden und Unternehmen (vgl. Le Mouillour et al. 2007, S. 20). Zur Implementierung des Konzeptes wurde die Studie *ECVET reflector* durchgeführt. Im Zuge dieser Studie wurde unter anderem erörtert, durch welche essentiellen Merkmale sich das Leistungspunktesystem, im Hinblick auf die Mobilitätsförderung, auszeichnen sollte. Als Ergebnis wurde festgehalten, dass (vgl. Le Mouillour et al. 2007, S. 33):

- eine Gleichwertigkeit der im Ausland gemachten Erfahrungen mit denen, die man im Heimatland erwerben kann, bestehen muss
- die Lernergebnisse grenzüberschreitend akkumuliert oder in eine angestrebte Qualifikation bzw. einen Ausbildungsgang übertragen werden können, selbst wenn sie in unterschiedlichen Lernkontexten erzielt wurden

Weiterhin wurden 146 Experten hinsichtlich möglicher Hindernisse bei der Einführung befragt. Der Leitfaden unterschied in Probleme bei der Prüfung/Validierung/Zertifizierung und beim Transfer. Als grundlegende Herausforderungen kristallisierten sich

- der Mangel an Transparenz auf nationaler Ebene
- die mangelnde Ergebnisorientierung der Berufsbildungsgänge
- die Schwierigkeit das duale System mit dem Credit-System zu verbinden
- der Mangel an politischem Willen
- die Kosten und Ressourcen
- die Verlässlichkeit der zuständigen Stelle
- die erforderliche Modularisierung
- sowie die Verschiedenheit der nationalen Berufsbildungssysteme

heraus (vgl. ebd., S. 57ff.). Diese Studie zeigt, dass noch erheblicher Abstimmungsbedarf im Hinblick auf dieses Instrument besteht, bevor es ab 2012 schrittweise Anwendung finden soll.

4.6 Weitere bildungspolitische Entwicklungen

Mit der Fokussierung auf Lernergebnisse wurde zugleich die Relevanz der Qualitätssicherung in der beruflichen Bildung erkannt. Um sie sicherzustellen, sollen ein europäischer Bezugsrahmen (EQAVET Reference Framework) und ein europäisches Netzwerk (EQAVET Network) eingeführt werden. Das EQAVET-Network ersetzt das zwischen 2005 und 2009 aktive ENQA-VET[5]. Die am 18. Juni 2009 veröffentlichte *Empfehlung des Europäischen Parlaments und des Rates zur Einführung eines europäischen Bezugsrahmens für die Qualitätssicherung in der beruflichen Aus- und Weiterbildung* betont nochmals die Rolle der Qualitätssicherung für die Einrichtung und Anwendung der beiden Instrumente EQR und ECVET (vgl. Europäisches Parlament und Rat 2009, S. 2). Neben diesen Initiativen existiert noch der Europass als kostenloser Service der Europäischen Kommission. Er fördert ebenso die Transparenz und Mobilität des Einzelnen, indem er Qualifikationen und Kompetenzen europaweit verständlich darstellt[6]. Der Europass und EQAVET gehören ebenso wie der EQR und ECVET zu den europäischen Initiativen zur besseren Anerkennung von Qualifikationen.

---

[5] http://www.qibb.at/de/europaeischer_kontext/enqa_vet.html

[6] http://www.europass-info.de/de/was-ist-der-europass.asp

4.7 Zusammenfassung und Diskussion

Die europäischen Strategien sind von den Mitgliedsländern weithin anerkannt. Das lebenslange Lernen, die Erhöhung der Transparenz von Qualifikationen und die Mobilität innerhalb Europas werden als Chance sowohl für die Entwicklung des Individuums, als auch für die Wettbewerbsfähigkeit der einzelnen Länder gesehen. Eine Gefährdung dieser Entwicklung kann aber entstehen, wenn wirtschaftspolitische Interessen, wie die Mobilitätsförderung und die Beschäftigungsfähigkeit, Vorrang vor bildungspolitischen Zielen wie dem breiteren Zugang zu Bildungsangeboten haben (vgl. Bohlinger 2008, S. 223). Neben der Kritik, dass die Beschäftigungsfähigkeit das hauptsächliche Ziel der Maßnahmen ist, ohne dabei auf die individuellen Bedürfnisse einzugehen, wird vor allem der Perspektivenwechsel hin zur Outcome-Orientierung und die Auflösung nationaler, tradierter Strukturen kritisiert. Rauner u.a. argumentieren, dass die verschiedenen Berufsbildungssysteme der Mitgliedstaaten durch ihre nationalstaatliche Prägung einem europäischen Wirtschaftsraum im Wege stehen und die Gestaltungprinzipien des EQR und ECVET „sind in erster Linie den institutionellen und rechtlichen Voraussetzungen geschuldet und nicht einer berufsbildungspolitischen Strategie im Sinne der Ziele von Lissabon" (Rauner et al. 2006, S. 323). Die Autoren gehen sogar soweit, dass sie den Wunsch äußern das Projekt EQR durch eine europäische Berufsbildungsarchitektur auf Basis europäischer Kernberufe zu ersetzen:

> „Der EQR wird durch die Definition abstrakter Outcome-Beschreibungen gebildet, mit denen ausdrücklich von den tragenden Elementen und Strukturen einer Berufsbildungsarchitektur abgesehen wird […] Zu einer Berufsbildungsarchitektur gehören natürlich auch die Definition von Berufsbildern als tragende Säulen […] Ein europäischer Qualifikationsrahmen, der von allem absieht, was eine solche Architektur ausmacht, verliert jegliche Bedeutung für die praktische Gestaltung eines europäischen Berufsbildungsraumes […] (Es) entsteht ein Rahmen ohne Inhalte, Bildungsgänge und –strukturen, losgelöst von den Trägern der beruflichen Bildungspraxis" (Rauner et al. 2006, S. 326f.).

Eine weitere Herausforderung stellt die Erreichung von Äquivalenz dar, die durch die auf Vertrauen basierte Zuordnung und gegenseitige Anerkennung von Qualifikationen kaum erreicht werden kann,

> „weil es sich bei Leistungspunkten und bei der Zuordnung zu bestimmten Referenzniveaus nur um einen Indikator für geschätzte Äquivalenzen, nicht aber um eine eindeutige Transferierbarkeit von Lernleistungen handelt. Zwar vereinfachen EQF, NQF und ECVET die gegenseitige Anerkennung durch eine rein quantitative Messung von Lernleistungen, implizieren aber nicht ihre qualitative Gleichwertigkeit" (Bohlinger 2008, S. 223)

Sicherlich führt die Implementierung von EQR und ECVET zu weitreichenden Veränderungen in Europa wie der Deregulierung und Umstrukturierung der nationalen beruflichen Bildung. Dabei würde die Einführung dieser Instrumente die verschiedenen Bildungssysteme

> „in unterschiedlichem Ausmaß treffen: Die anglophonen Länder wären wenig betroffen, da sie ihre Bildungssysteme bereits in den letzten Jahren entsprechend verändert haben" (Drexel 2006, S. 14).

Dennoch bieten sie, die nötigen Maßnahmen und Investitionen vorausgesetzt, auch die Chance den globalen Herausforderungen im Zuge der Internationalisierung zu begegnen. Es bleibt nur zu beachten, dass den Bedürfnissen der Individuen, aber auch der Nationalstaaten, stärker Rechnung getragen wird.

5. Entwicklungen des Berufsbildungssystems in Deutschland

Die Impulse der europäischen Bildungspolitik haben zu zahlreichen Entwicklungen in Deutschland geführt. Neben dem Deutschen Qualifikationsrahmen (DQR) wird auch an einem deutschen Leistungspunktesystem für die berufliche Bildung (DECVET) gearbeitet. Im Folgenden sollen die bildungspolitischen Herausforderungen und die deutschen Instrumente erläutert werden.

5.1 Herausforderungen an das deutsche Bildungssystem

Deutschland verfügt über ein ausgezeichnetes System der beruflichen Bildung. Absolventen des dualen Systems besetzen mittlere Führungspositionen, die in anderen Ländern meist Akademikern vorbehalten sind. Dennoch besteht ein immenser Modernisierungsrückstand (vgl. Cortina et.al. 2003, S. 137). Zusätzlich ist Deutschland durch die Kosten der Wiedervereinigung zur Wachstumsbremse in Europa geworden (vgl. Bosch 2006, S. 17). Für die Bewältigung der globalen Herausforderungen scheint das deutsche Bildungssystem nicht gerüstet, denn es gibt Bildungsabbrechern über 30 Jahre kaum eine Chance. Zudem werden formal gering qualifizierte Personen unzureichend einbezogen (vgl. ebd., S. 21). Die mangelhafte Zukunftstauglichkeit und Anschlussfähigkeit des deutschen Bildungssystems an europäische Beschlüsse liegt im Föderalismus-Prinzip begründet, was bedeutet,

> „dass es keine umfassende gesetzliche Regelung für das gesamte Bildungswesen gibt. Die einzelnen Bereiche unterliegen unterschiedlichen Gesetzgebungskompetenzen, meistens bei den Bundesländern" (Ohidy 2009, S. 120).

Obwohl diese Kulturhoheit der Länder historisch gewachsen ist, wird sie bildungspolitisch heftig diskutiert. Für die Steuerung und Verwaltung des Bildungssystems ergeben sich daraus mehrere Ebenen. Auf Bundesebene koordiniert die Ständige Konferenz der Kultusminister der Länder und das Bundesministerium für Bildung und Forschung (BMBF). Auf Länderebene existieren die Ministerien und Schulämter und für die Kommunen sind kommunale Schulämter verantwortlich.

5.2 Entwicklung von Instrumenten in Deutschland

In Deutschland werden zurzeit Pilotprojekte zu einem Deutschen Qualifikationsrahmen und einem eigenen Leistungspunktesystem durchgeführt. Diese beiden Instrumente entstehen in starker Anlehnung an die europäischen Vorbilder. Im Folgenden sollen die derzeitigen Projekte und die mit ihnen gesammelten Erfahrungen dargestellt werden.

5.2.1 Der Deutsche Qualifikationsrahmen

Im Oktober 2006 verständigten sich KMK und BMBF darauf, gemeinsam einen Deutschen Qualifikationsrahmen für lebenslanges Lernen (DQR) zu entwickeln. Zurzeit sind mehrere Organisationen, unter anderem eine Bund-Länder-Koordinierungsgruppe, eine KMK-Arbeitsgruppe, das BMBF sowie eine Arbeitsgruppe des Hauptausschusses des BIBB mit dieser Aufgabe betraut (vgl. Sloane 2008, S. 69). Der DQR soll als Schnittstelle zwischen dem EQR und den nationalen Bildungssystemen wirken, gleichzeitig aber die Besonderheiten des deutschen Bildungssystems berücksichtigen. Der Arbeitskreis DQR (AK DQR) unterstützt in seinem Diskussionsvorschlag die Outcome-Orientierung und plädiert in Analogie zum EQR für acht Niveaustufen. Derzeit existieren sieben Abschlüsse/ Qualifikationen in Deutschland, denen Qualifikationen zugeordnet werden können, wenn man als Eingangsniveau das Ende der Pflichtschule setzt: Abschluss Sek I, Berufsvorbereitung, Fachkräfte, Spezialisten, Meister/Techniker/BA, Betriebswirt IHK/MA und Doktor. „Gibt es nun acht Niveaus, bietet dies die Möglichkeit, das eine Fachkräfteniveau in zwei aufzusplitten" (Hanf 2006, S. 60).

Der DQR soll im Hinblick auf das lebenslange Lernen den Fokus auf das richten, was jemand gelernt hat, unabhängig davon, wo er es gelernt hat. Handlungskompetenz ist dabei die leitende Beschreibungskategorie des bildungsbereichübergreifenden DQR:

> „Der Kompetenzbegriff, der im Zentrum des DQR steht, bezeichnet die Fähigkeit und Bereitschaft, Kenntnisse, Fertigkeiten sowie persönliche, soziale und methodische Fähigkeiten in Arbeits- oder Lernsituationen und für die berufliche Entwicklung zu nutzen. Kompetenz wird in diesem Sinne als Handlungskompetenz verstanden. Da der DQR Qualifikationen und nicht individuelle Lern- und Berufs-biografien abbildet, kann er manche in Bildungs- und Qualifikationsprozessen erworbene Fähigkeiten ... nicht adäquat erfassen" (AK DQR 2009, S. 3).

Alle formalen Qualifikationen des deutschen Bildungssystems, und darüber hinaus Ergebnisse des informellen Lernens, werden bei der Zuordnung zum DQR berücksichtigt. Dabei soll das bestehende System der Zugangsberechtigungen nicht ersetzt werden. Die Maßgabe ist, „dass jedes Qualifikationsniveau auf verschiedenen Bildungswegen erreichbar sein kann" (ebd., S. 4). Der DQR-Entwurf beschreibt als Kompetenzkategorien die Fachkompetenz, unterteilt in Wissen und Fertigkeiten, und die personale Kompetenz, unterteilt in Sozial- und Selbstkompetenz. Damit unterscheidet sich der DQR vom EQR, welcher nur drei Kompetenzbereiche beschreibt. Die folgende Abbildung soll die Aufschlüsselung der Kategorien verdeutlichen:

Abbildung 3: Kompetenzbereiche im DQR

Niveauindikator			
Anforderungsstruktur			
Fachkompetenz		Personale Kompetenz	
Wissen	Fertigkeiten	Sozialkompetenz	Selbstkompetenz
Tiefe und Breite	Instrumentelle und systemische Fertigkeiten, Beurteilungsfähigkeit	Team-/Führungsfähigkeit, Mitgestaltung und Kommunikation	Selbstständigkeit/ Verantwortung, Reflexivität und Lernkompetenz

(Quelle: AK DQR 2009, S. 4)

Um die Funktionstauglichkeit des DQR-Entwurfes zu ermitteln, soll er

„von Experten und Expertinnen aus Wirtschaft, Wissenschaft und Bildungspraxis in vier ausgewählten Berufs- und Tätigkeitsfeldern (Metall/Elektro, Handel, Gesundheit und IT) exemplarisch erprobt werden. Die Expertengruppe soll ausgewählte formale Qualifikationen und Curricula aus dem gesamten Bildungssystem analysieren und eine nachvollziehbare, konsensfähige Niveaubestimmung der Qualifikationen vornehmen. Dadurch soll die Handhabbarkeit der DQR-Matrix überprüft, bei Bedarf weiter entwickelt und eine Handreichung für die Zuordnungspraxis erstellt werden" (BIBB 2009, S. 2).

Die Erprobungsphase begann im Mai 2009 und hatte eine Laufzeit von einem Jahr. Ein Mitglied des AK DQR beschreibt die auftretenden Probleme wie folgt:

„Obwohl also in dieser Erprobungsphase erst die Tauglichkeit des DQR überprüft werden sollte, erregten die von den Arbeitsgruppen identifizierten Problemstellen und die daraus abgeleiteten Verbesserungsvorschläge nicht die Aufmerksamkeit der Fachöffentlichkeit, sondern die vorläufigen und unter Vorbehalten formulierten ersten Zuordnungsergebnisse. Die Arbeitsgruppen stellten fest, dass Querverweise über die vier Kompetenzkategorien hinweg schwierig sind" (Gehlert 2010, S. S. 242).

Die größte Hürde stellt die Einordnung der Abschlüsse in die Niveaustufen dar. Hier kam die Expertengruppe zu dem Schluss, dass es sinnvoll wäre, die dualen Ausbildungsberufe nicht prinzipiell in eine Stufe zu pressen, sondern auf den Stufen vier und fünf zu verorten. Damit wäre gleichzeitig der Bezug zur Einstufung des Abiturs nicht mehr so brisant. Und „gerade wenn es um die Niveaustufen sechs und höher geht, gilt es den Anspruch der Gleichwertigkeit von beruflicher Bildung und Hochschulbildung einzulösen" (ebd., S. 243). Obwohl die Erprobungsphase einige Problemfelder aufgezeigt hat und der AK DQR für eine schrittweise Implementierung plädiert, ändert die gewisse Zurückhaltung nichts an der allgemein positiven Einstellung zum Deutschen Qualifikationsrahmen für lebenslanges Lernen.

5.2.2 Das Leistungspunktesystem DECVET

Mit der Pilotinitiative DECVET wird ein Leistungspunktesystem zur Anrechnung und Übertragung von Lernergebnissen innerhalb des beruflichen Bildungssystems entwickelt. Dieses Instrument soll es ermöglichen, in anderen Bildungskontexten erworbene Kompetenzen auf einen angestrebten Bildungsabschluss anrechnen zu lassen. In Deutschland erhofft man sich so, die Zu- und Übergangsoptionen zwischen den einzelnen Systemen zu verbessern. „Die Initiative soll außerdem dazu beitragen, unterschiedliche Lernformen miteinander zu verknüpfen" (Milolaza et al. 2008, S. 1). Um ein passendes Modell zu erarbeiten, findet eine Erprobung in insgesamt zehn Pilotprojekten statt, die die Durchlässigkeit im Hinblick auf die vier Schnittstellen des deutschen Berufsbildungssystems erforschen (vgl. ebd.):

- zwischen Berufsausbildungsvorbereitung und dualer Ausbildung
- innerhalb der dualen Berufsausbildung
- zwischen dualer und vollzeitschulischer Berufsausbildung
- zwischen dualer Berufsausbildung und beruflicher Fortbildung

Betreut werden die Projekte dabei von Mitarbeitern der Otto-von-Guericke-Universität Magdeburg und der Friedrich-Schiller-Universität Jena.

Interessant ist, dass der Stellenwert des Dualen Systems Beachtung findet:

> „Das damit verbundene Berufskonzept und die Abschlussprüfung als Zertifikat der beruflichen Handlungsfähigkeit sollen als konstituierende Elemente des Systems bewahrt werden. Auf europäischer Ebene gilt es insbesondere, die Empfehlungen zur Einrichtung eines Europäischen Qualifikationsrahmens (EQR) und eines Europäischen Leistungspunktesystems für die Berufsbildung (ECVET) einzubeziehen" (ebd., S. 4).

Durch das Leistungspunktesystem DECVET könnten strukturelle Schwächen des deutschen Bildungssystems, wie der Mangel an Verfahren zur Anerkennung informellen und non-formalen Lernens und die unzureichende Durchlässigkeit zwischen den einzelnen Teilsystemen, ausgeglichen werden. In letzter Konsequenz würde DECVET die individuellen Bildungschancen des Einzelnen erhöhen. Die Erfahrungen der Pilotprojekte sollten als Grundlage für die Modernisierung der Berufsbildung in Deutschland genutzt werden.

5.3 Zusammenfassung

In Deutschland existieren starke, voneinander unabhängige Bildungssysteme mit wenig Durchlässigkeit und Transparenz untereinander (vgl. Sloane 2008, S. 69). Um diesen Entwicklungen entgegen zu wirken und das lebenslange Lernen zu fördern, hat sich Deutschland dazu entschlossen eigene Instrumente zu erproben. Dabei entstehen DQR und DECVET in starker konzeptioneller Anlehnung an die europäischen Vorbilder. Die Erprobungsphase bzw. die Pilotprojekte laufen seit einiger Zeit und es wird sich zeigen, wie sich die Erfahrungen daraus auf die Weiterentwicklung der Instrumente auswirken werden. Leider lässt der sehr enge Zeitplan für die Einführung bzw. den Anschluss an die europäischen Instrumente wenig Spielraum für weitere Erprobungen und kontinuierliche Verbesserungen. Dass im Jahr 2010 weiterhin heftig über die Entwürfe diskutiert wird, zeigt, wie wichtig eine längere Erprobungsphase inklusive ausführlicher Evaluation ist. Zudem müssen alle Akteure zu einem Konsens über die Ziele und die Zuordnung der Qualifikationen zum DQR kommen, ohne dabei die Besonderheiten des deutschen Berufsbildungssystems, wie das Duale System der Berufsausbildung und das damit verbundene Berufsprinzip, zu vernachlässigen.

6. Fazit und Desiderate

Diese Arbeit sollte einen Überblick über die Europäische Berufsbildungspolitik geben und den Fragen nachgehen, welche Befugnisse die EU als bildungspolitischer Akteur in sich vereint, welche Strategien sie verfolgt und welche Herausforderungen sich aus deren Umsetzung ergeben. Es wurde verdeutlicht, dass trotz Harmonisierungsverbot und Wahrung des Subsidiaritätsprinzips, ein immer stärkerer Einfluss der EU auf die nationalen Bildungssysteme zu verzeichnen ist. Aus der Vielzahl der Maßnahmen hat sich eine Dynamik innerhalb der Europäischen Gemeinschaft entwickelt, die sich durch das kontinuierliche Bemühen um eine gemeinsame Bildungspolitik auszeichnet, und somit eine nicht beabsichtigte Harmonisierung nach sich zieht. Weiterhin setzt die EU ihre politischen Ziele indirekt durch die Methode der Offenen Koordinierung durch. Sie nutzt dabei vor allem den Vergleich der Länder untereinander, also naming-and-shaming. Damit wird der Dialog zwischen den Akteuren zum grundlegenden Instrument der Gestaltung politischer Strategien. Bei den verfolgten Zielen dieser Strategien zeigt sich ein Spannungsfeld zwischen bildungspolitischen und wirtschaftspolitischen Interessen. Einerseits werden das lebenslange Lernen und die Vergleichbarkeit von Qualifikationen als Chance zur Entwicklung der Persönlichkeit und der Lebenssituation des Einzelnen gesehen. Andererseits zielen sie ausnahmslos auf die Beschäftigungs- bzw. Erwerbsfähigkeit, also den ökonomischen Nutzen von Humanressourcen. Obwohl sich diese beiden Standpunkte nicht ausschließen müssen, besteht dennoch die Gefahr darin, dass wirtschaftspolitische Interessen wie die Wettbewerbsfähigkeit und die Mobilitätsförderung den Vorrang erhalten.

Wenn lebenslanges Lernen als Leitinitiative realisiert werden soll, so dürfen nicht nur die Investitionen in diesem Bereich steigen, sondern die grundsätzliche Haltung der EU-Bürger gegenüber lebenslangem Lernen muss positiv beeinflusst, die Lernangebote ausgebaut und die Anerkennungsmöglichkeiten des non-formalen Lernens forciert werden.

Die Strategie Europa 2020 zieht den Schluss, dass die Realisierung der Ziele von Lissabon weitaus langsamer abläuft, als es die Europäische Kommission erwartet hat. An der Entwicklung der Nationalen Qualifikationsrahmen, die zwar auf freiwilliger Basis geschehen soll, aber mit breitem Konsens angenommen wurde, lässt sich zunächst die prinzipiell zustimmende Haltung der Mitgliedstaaten zu den Beschlüssen und Maßnahmen aufzeigen. Dennoch ist eine gewisse Zurückhaltung bezüglich der konkreten Umsetzung zu beobachten. Die vielfältigen Diskussionen rund um die Qualifikationsrahmen, die damit verbundene Einstufung von Qualifikationen in Niveaustufen und die Anerkennung der Qualifikationen deuten darauf hin, dass zur Einführung dieser Instrumente noch zahlreiche Hürden bestehen und wie wichtig schrittweises Vorgehen ist. Zum jetzigen Zeitpunkt ist immer noch unklar, wie die Transparenz, Vergleichbarkeit, Anerkennung und Übertragbarkeit von Qualifikationen und Kompetenzen genau geregelt werden soll bzw. welche Akteure dieses durchführen sollen. Es ist nicht zu erwarten, dass diese Herausforderungen innerhalb der nächsten Jahre dauerhaft gelöst werden. Vielmehr wird dieses Forschungsfeld noch an Komplexität gewinnen. Wünschenswert wäre, dass die Ziele und Maßnahmen wieder mehr auf die Bedürfnisse der Individuen abgestimmt sind. Zudem sollte stärker versucht werden, die nationalen Interessen und Traditionen innerhalb der europäischen Integrationsbestrebungen zu wahren.

Richtet man den Blick nach Deutschland, so lässt sich feststellen, dass die Pilotprojekte zum DQR und DECVET immer neue Fragen aufwerfen. Um die Instrumente innerhalb der nächsten Jahre einsatzfähig zu gestalten, besteht noch enormer Handlungs- und Koordinierungsbedarf. Die Komplexität der Auswirkungen auf das deutsche Berufsbildungssystem wird dabei meist entdramatisiert. Obwohl das Berufsprinzip und die duale Ausbildung bestehen bleiben sollen, wird deren Unvereinbarkeit mit den Instrumenten EQR und ECVET oft ausgeblendet.

7. Literaturverzeichnis

AK DQR (2009): Diskussionsvorschlag eines Deutschen Qualifikationsrahmens für lebenslanges Lernen, Online unter: http://www.deutscherqualifikationsrahmen.de/SITEFORUM?t=/documentManager/sfdoc.file.detail&e=UTF-8&i=1215181395066&l=1&fileID=1238069671761, zuletzt abgerufen am 12.12.2010

Bektchieva, J. (2004): Die europäische Bildungspolitik nach Maastricht. Münster: LIT Verlag

Bendel, P.: Herausforderungen der EU-Migrationspolitik nach der Osterweiterung, In: Sturm, R./Pehle, H. (Hrsg.): Die neue Europäische Union – Die Osterweiterung und ihre Folgen. Verlag Barbara Budrich, S. 145-163

BIBB (2009): Erprobung des Deutschen Qualifikationsrahmens, Online unter: http://www2.bibb.de/tools/fodb/pdf/at_43302.pdf, zuletzt abgerufen am 12.12.2010

BMBF (2002): Europäischer Bildungsraum – Grenzenlos Lernen und Arbeiten, Online unter: http://www.bmbf.de/pub/europaeischer_bildungsraum.pdf, zuletzt abgerufen am 12.12.2010

Bohlinger (2008): Kompetenzentwicklung für Europa – Wirksamkeit europäischer Politikstrategien zur Förderung von Kompetenzen in der beruflichen Bildung. Opladen: Budrich UniPress

Bohlinger (2007): Modernisierung beruflicher Bildung – Leitziele und Prioritäten auf dem Weg zum wettbewerbsfähigsten Wirtschaftsraum der Welt. Göttingen: Cuvillier Verlag

Bosch, G. (2006): Qualifikation und Lebenslanges Lernen. In: Loebe, H./Severing, E.: Weiterbildung auf dem Prüfstand. Bielefeld: W. Bertelsmann Verlag, S. 17-36

CDU/CSU/FDP (2009): Koalitionsvertrag - Wachstum. Bildung. Zusammenhalt, Online unter: http://www.cdu.de/doc/pdfc/091026-koalitionsvertrag-cducsu-fdp.pdf, zuletzt abgerufen am 12.12.2010

CEDEFOP (2009): Berufsbildung in Deutschland, Online unter: http://www.cedefop.europa.eu/etv/Upload/Information_resources/Bookshop/465/517 3_de.pdf, zuletzt abgerufen am 12.12.2010

Cortina, K./Baumert, J./Leschinsky, A./Mayer, K.U./Trommer, L. (Hrsg.) (2003): Das Bildungswesen in der Bundesrepublik Deutschland – Strukturen und Entwicklungen im Überblick. Reinbek: Rowohlt

Dehnbostel, P. (2008): Berufliche Weiterbildung – Grundlagen aus arbeitnehmerorientierter Sicht. Berlin: Edition Sigma

Dehnbostel, P./Uhe, E. (1999): Das Erfahrungslernen mit dem intentionalen Lernen verbinden. In: Berufsbildung 57

Dohmen, G. (2001): Das informelle Lernen – Die internationale Erschließung einer bisher vernachlässigten Grundform menschlichen Lernens für das lebenslange Lernen aller. Bonn: BMBF

Drexel, I. (2006): Europäische Berufsbildungspolitik: Deregulierung, neoliberale Reregulierung und die Folgen – für Alternativen zu EQR und ECVET. In: Grollmann, P./Spöttl, G./Rauner, F. (Hrsg.): Europäisierung Beruflicher Bildung – eine Gestaltungsaufgabe. Hamburg: LIT Verlag, S. 13-34

EUD (2010): Europa 2020 – Eine kritische Bewertung der neuen EU-Strategie, Online unter: http://www.europa-union.de/fileadmin/files_eud/PDF-Dateien_EUD/EUD_konkret/EUD-konkret_3.2010_Europa_2020.pdf, zuletzt abgerufen am 12.12.2010

Europäische Kommission (2010): Europa 2020 – Eine Strategie für intelligentes, nachhaltiges und integratives Wachstum, Online unter: http://ec.europa.eu/eu2020/pdf/COMPLET%20%20DE%20SG-2010-80021-06-00-DE-TRA-00.pdf, zuletzt abgerufen am 12.12.2010

Europäische Kommission (2000): Memorandum über Lebenslanges Lernen, Online unter: www.eaea.org/doc/MemoDE.doc, zuletzt abgerufen am 12.12.2010

Europäisches Parlament und Rat (2009): Empfehlung zur Einrichtung eines europäischen Bezugsrahmens für die Qualitätssicherung in der beruflichen Aus- und Weiterbildung, Online unter: http://eur-lex.europa.eu/LexUriServ/ LexUriServ.do?uri=OJ:C:2009:155:0001:0010:DE:PDF, zuletzt abgerufen am 12.12.2010

Gehlert, B. (2010): Der deutsche Qualifikationsrahmen – Erprobung oder Durchsetzung von Interessen. In: BbSch 09/2010, S. 241-244

Gerlach, Ch. (2000): Lebenslanges Lernen – Konzepte und Entwicklungen 1972 bis 1997. Köln: Böhlau

Hanf, G. (2006): Der Europäische Qualifikationsrahmen – Ziele, Gestalt, Verfahren. In: Grollmann, P./Spöttl, G./Rauner, F. (Hsrg.): Europäisierung Beruflicher Bildung – eine Gestaltungsaufgabe. Hamburg: LIT Verlag, S. 13-34

Hoffmann-Nowotny, H.-J. (2000): Weltmigration und multikulturelle Gesellschaft – Begriffliche, theoretische und praktische Überlegungen. In: Robertson-Wensauer, C. (Hrsg.): Multikulturalität – Interkulturalität? Probleme und Perspektiven der multikulturellen Gesellschaft, 2. Auflage. Baden-Baden: Nomos Verlagsgesellschaft, S. 71-90

Hungerland, B./Overwien, B. (2004): Kompetenzerwerb außerhalb etablierter Lernstrukturen. In: Hungerland, B./Overwien, B. (Hrsg.): Kompetenzentwicklung im Wandel – Auf dem Weg zu einer informellen Lernkultur? Wiesbaden: Verlag für Sozialwissenschaften

KMK (2007): Handreichung für die Erarbeitung von Rahmenlehrplänen der Kultusministerkonferenz den berufsbezogenen Unterricht in der Berufsschule und ihre Abstimmung mit Ausbildungsordnungen des Bundes für anerkannte Ausbildungsberufe Online unter:
http://www.kmk.org/fileadmin/veroeffentlichungen_beschluesse/2007/2007_09_01-Handreich-Rlpl-Berufsschule.pdf, zuletzt abgerufen am 12.12.2010

Kommission der Europäischen Gemeinschaften (2008): Empfehlung des Europäischen Parlaments und des Rates zur Einrichtung des Europäischen Leistungspunktesystems für die Berufsausbildung (ECVET), Online unter: http://eur-lex.europa.eu/LexUriServ/LexUriServ.do?uri=COM:2008:0180:FIN:DE:PDF, zuletzt abgerufen am 12.12.2010

Kommission der Europäischen Gemeinschaften (2005): Auf dem Weg zu einem Europäischen Qualifikationsrahmen für Lebenslanges Lernen, Online unter: http://ec.europa.eu/education/policies/2010/doc/consultation_eqf_de.pdf, zuletzt abgerufen am 12.12.2010

Kommission der Europäischen Gemeinschaften (2001): Einen europäischen Raum des lebenslangen Lernens schaffen, Online unter: http://www.bologna-berlin2003.de/pdf/MitteilungDe.pdf, zuletzt abgerufen am 12.12.2010

Le Mouillour, I./Thiel, G. (2007): TTnet Deutschland – Präsentation zum Arbeitstreffen am 12. Und 13. Juni 2007. Bonn: BIBB, Online unter: http://www.bibb.de/dokumente/pdf/EQRDQR.pdf, zuletzt abgerufen am 12.12.2010

Le Mouillour, I./Fietz, G./Reglin, T. (2007): ECVET reflector – Studie zur Implementierung und Entwicklung eines Leistungspunkte-Systems für die berufliche Erstausbildung, Online unter: http://www.include.ecvet.de/ecvet/downloads/ECVET_Final_Report_DE.pdf, zuletzt abgerufen am 12.12.2010

Lipsmeier, A./Münk, D. (1994): Die Berufsausbildungspolitik der Gemeinschaft für die 90er Jahre. Analyse der Stellungnahmen der EU-Mitgliedstaaten zum Memorandum der Kommission. Bonn

Milolaza, A./Frommberger, D./Schiller, St./Reinisch, H./Diettrich, A./Meerten, E. (2008): Leistungspunktesystem in der beruflichen Bildung – Pilotinitiative und berufs- und wirtschaftspädagogisch relevante Fragestellungen. In: bwp@ Ausgabe 14, Online unter: http://www.bwpat.de/ausgabe14/milolaza_etal_bwpat14.pdf, zuletzt abgerufen am 12.12.2010

Ohidy, A. (2009): Lebenslanges Lernen und die europäische Bildungspolitik – Adaption des Lifelong Learning-Konzepts der Europäischen Union in Deutschland und Ungarn. Wiesbaden: VS Verlag für Sozialwissenschaften

Rauner, F. (2006): Europäische Berufsbildung – Eine Voraussetzung für die im EU-Recht verbriefte Freizügigkeit der Beschäftigten. In: Grollmann, P./Spöttl, G./Rauner, F. (Hsrg.): Europäisierung Beruflicher Bildung – eine Gestaltungsaufgabe. Hamburg: LIT Verlag, S. 35-52

Rauner, F./Grollmann, P./Spöttl, G. (2006): Chancen und Risiken des Kopenhagen-Prozesses. In: Grollmann, P./Spöttl, G./Rauner, F. (Hsrg.): Europäisierung Beruflicher Bildung – eine Gestaltungsaufgabe. Hamburg: LIT Verlag, S. 7-12

Rauner, F./Grollmann, P./Spöttl, G. (2006): Den Kopenhagen-Prozess vom Kopf auf die Füße stellen. In: Grollmann, P./Spöttl, G./Rauner, F. (Hsrg.): Europäisierung Beruflicher Bildung – eine Gestaltungsaufgabe. Hamburg: LIT Verlag, S. 321-332

Schemmann, M. (2007): Internationale Weiterbildungspolitik und Globalisierung. Orientierungen und Aktivitäten von OECD, EU, UNESCO und Weltbank. Bielefeld: Deutsches Institut für Erwachsenenbildung

Schiersmann, Chr./Remmele, H. (2002): Neue Lernarrangements in Betrieben. Theoretische Fundierung – Einsatzfelder – Verbreitung. Berlin: QUEM-Report 75

Sloane, P. F. E. (2008): Zu den Grundlagen eines Deutschen Qualifikationsrahmens (DQR) – Konzeptionen, Kategorien, Konstruktionsprinzipien. Bielefeld: W. Bertelsmann Verlag

SPD (2009): Sozial und Demokratisch. Anpacken für Deutschland. Das Regierungsprogramm der SPD, Online unter: http://spdnet.sozi.info/bayern/ bad-toelzwhsn/kochel/dl/ SPD-Regierungsprogramm2009.pdf, zuletzt abgerufen am 12.12.2010

Young, M. (2006): Auf dem Weg zu einem Europäischen Qualifikationsrahme: Einige kritische Bemerkungen. In: Grollmann, P./Spöttl, G./Rauner, F. (Hsrg.): Europäisierung Beruflicher Bildung – eine Gestaltungsaufgabe. Hamburg: LIT Verlag, S. 81-94

Internetquellen:

BBiG §1: Ziele und Begriffe der Berufsbildung, Online unter: http://bundesrecht.juris.de/bbig_2005/__1.html, zuletzt abgerufen am 12.12.2010

EQAVET auf der Portalseite der berufsbildenden Schulen, Online unter: http://www.qibb.at/de/europaeischer_kontext/enqa_vet.html, zuletzt abgerufen am 12.12.2010

Europass – Informationsseite, Online unter: http://www.europass-info.de/de/was-ist-der-europass.asp, zuletzt abgerufen am 12.12.2010

Schlussfolgerungen aus Lissabon, Online unter: http://www.europarl.europa.eu/summits/lis1_de.htm, zuletzt abgerufen am 12.12.2010

Der Autor

Thomas Lauszus, geboren 1983 in Karl-Marx-Stadt, jetzt Chemnitz, ist Zeitsoldat bei der Bundeswehr und studierte Bildungs- und Erziehungswissenschaften mit den Schwerpunkten Berufliche Bildung und Beratungspsychologie an der Helmut-Schmidt-Universität in Hamburg, wo er im Jahr 2011 den Bachelorabschluss erlangte. Während des Studiums absolvierte er zwei Praktika bei Bildungsträgern, in denen er sich verstärkt mit der Umsetzung nationaler Bildungspolitik befasste. Diese Praktika sind die Grundlage seiner Masterarbeit.